VISIONÁRIOS

VISIONÁRIOS

STEVEN JOHNSON

Tradução
Isabela Sampaio

1ª edição

best.
business
Rio de Janeiro | 2025

TÍTULO ORIGINAL
Farsighted: How We Make the Decisions That Matter the Most

TRADUÇÃO
Isabela Sampaio

DESIGN DE CAPA
Ben Denzer

CIP-BRASIL. CATALOGAÇÃO NA PUBLICAÇÃO
SINDICATO NACIONAL DOS EDITORES DE LIVROS, RJ

J65v

Johnson, Steven
  Visionários : como tomar as decisões que mais importam / Steven Johnson ; tradução Isabela Sampaio. - 1. ed. - Rio de Janeiro : Best Business, 2025.

  Tradução de: Farsighted
  ISBN 978-65-5670-040-3

  1. Escolha (Psicologia). 2. Processo decisório. I. Sampaio, Isabela. II. Título.

24-94768
CDD: 153.83
CDU: 159.947.2

Gabriela Faray Ferreira Lopes - Bibliotecária - CRB-7/6643

Texto revisado segundo o novo Acordo Ortográfico da Língua Portuguesa.

Esta edição foi publicada em acordo com Riverhead Books, um selo de Penguin Publishing Group, uma divisão de Penguin Random House LLC.
Copyright © 2018 by Steven Johnson
Copyright da tradução © 2025 by Editora Best Seller Ltda.

Todos os direitos reservados. Proibida a reprodução,
no todo ou em parte, sem autorização prévia por escrito da editora,
sejam quais forem os meios empregados.

Direitos exclusivos de publicação em língua portuguesa somente para o Brasil adquiridos pela
Best Business, um selo da Editora Best Seller Ltda.
Rua Argentina, 171 – Rio de Janeiro, RJ – 20921-380 – Tel.: (21) 2585-2000,
que se reserva a propriedade literária desta tradução.

Impresso no Brasil

ISBN 978-65-5670-040-3

Seja um leitor preferencial Record.
Cadastre-se no site www.record.com.br
e receba informações sobre nossos
lançamentos e nossas promoções.

Atendimento e venda direta ao leitor:
sac@record.com.br

Para meu pai

"Como poderiam existir as teorias e a ciência num assunto cujas condições e circunstâncias são desconhecidas e não podem ser definidas, e ainda menos a força dos atores da guerra? [...] Que ciência pode existir num assunto em que, como em todo assunto prático, nada pode ser definido, em que tudo depende de inúmeras condições que só se determinam em momentos que ninguém pode prever?"

LEON TOLSTÓI, *GUERRA E PAZ*

"Hoje está claro que as complexas organizações que os seres humanos construíram no mundo moderno para realizar o trabalho de produção e governança só podem ser entendidas como um mecanismo para lidar com os limites da capacidade humana de compreender e calcular em face da complexidade e da incerteza."

HERBERT SIMON

SUMÁRIO

Introdução 11

1. MAPEAR 47

2. PREVER 87

3. DECIDIR 137

4. A ESCOLHA GLOBAL 161

5. A ESCOLHA PESSOAL 191

Epílogo 229

Agradecimentos 233

Bibliografia 235

Notas 241

SUMÁRIO

Introdução 11

1. MAPEAR 17

2. PREVER 87

3. DECIDIR 127

4. A ESCOLHA GLOBAL 181

5. A ESCOLHA PESSOAL 191

Epílogo 229

Agradecimentos 233

Bibliografia 239

Notas 241

INTRODUÇÃO

ÁLGEBRA MORAL

Há aproximadamente 10 mil anos, bem no fim da última Era do Gelo, uma onda de derretimento glacial alagou a fina faixa de terra que ligava o que hoje é o Brooklyn a Staten Island, criando o estreito atualmente conhecido como Narrows — a porta de entrada para o que mais tarde se tornaria um dos maiores portos urbanos do mundo, a baía de Nova York. Esse evento geológico viria a ser tanto uma maldição quanto uma bênção para aqueles que passariam a viver ao longo das margens vizinhas. A abertura para o mar foi muito benéfica para a navegação marítima, mas também permitiu que a água salgada entrasse na baía na maré alta. Embora a ilha de Manhattan seja margeada por dois rios, chamá-los de rios é, na verdade, um erro, já que tanto o East River quanto a parte sul do Hudson River são estuários com concentrações extremamente baixas de água doce. Para quem estivesse à procura de um porto seguro para seus navios, a formação do Narrows fez da ilha de Manhattan um local espetacular para se estabelecer. Mas, por ser rodeada de água salgada, ela impunha alguns desafios àqueles que tivessem interesse em se manter hidratados, como é o caso dos seres humanos.

Nos séculos anteriores ao XIX, no qual foram concluídas grandes construções de aquedutos, que levaram água potável dos rios e reservatórios do norte do estado de Nova York para a cidade, os residentes da ilha de Manhattan — originalmente os povos indígenas lenapes e, depois, os primeiros colonos holandeses — sobreviviam em meio aos estuários salgados graças ao consumo da água de um pequeno lago próximo à extremidade sul da ilha, bem abaixo da atual Canal Street. O lago já recebeu diversos nomes. Os holandeses o chamavam de Kalck; mais tarde, ficou conhecido como Freshwater Pond. Hoje em dia, é mais comum referir-se a ele como Collect Pond. Alimentado por nascentes, o lago desaguava em dois riachos, um dos quais serpenteava em direção ao East River, enquanto o outro fluía na direção oeste e acabava no Hudson. Dizem que, durante a maré alta, os lenapes atravessavam a ilha toda de canoa.

As pinturas do início do século XVIII sugerem que o Collect era tranquilo e pitoresco, um oásis para os primeiros habitantes de Manhattan que desejavam um refúgio vespertino do crescente centro comercial ao sul. Um imponente penhasco — às vezes chamado de Bayard's Mount, outras vezes de Bunker Hill — erguia-se na extremidade nordeste do lago. Escalar os trinta metros de altura que levavam ao topo proporcionava uma vista espetacular do lago e dos pântanos que o circundavam, além das torres e chaminés da cidade fervilhante à distância. "Era para onde todos os jovens da nossa época fugiam para patinar no inverno",[1] lembrou William Duer em um livro de memórias sobre as origens de Nova York escrito no século XIX, "e nada consegue superar o brilho e a vivacidade daquela paisagem em um belo dia de inverno, quando o espelho d'água congelava e ficava cheio de vida, com patinadores a toda velocidade de um lado para outro, na rapidez do vento".

INTRODUÇÃO

Na segunda metade do século XVIII, porém, o desenvolvimento comercial começou a deteriorar o cenário bucólico do Collect. Curtumes instalaram-se à beira do lago, deixavam o couro dos animais de molho em taninos (que incluíam substâncias venenosas da planta cicuta) e, em seguida, expeliam os resíduos diretamente na principal fonte de água potável da cidade em expansão. Os pântanos tornaram-se um local de despejo de animais mortos — e, vez ou outra, até mesmo de vítimas de assassinato. Em 1789, um grupo de cidadãos preocupados e até alguns especuladores imobiliários propuseram expulsar os curtumes e transformar o Collect Pond e as colinas à sua volta em um parque. Para isso, contrataram Pierre Charles L'Enfant, o arquiteto e engenheiro civil francês que, muitos anos depois, viria a projetar Washington, DC. A proposta de L'Enfant era que o Collect Pond Park fosse financiado por especuladores imobiliários, que comprariam terrenos nos arredores do espaço público preservado. Trata-se de um precedente das parcerias público-privadas que, em última análise, levariam à revitalização de muitos parques de Manhattan no fim do século XX. Mas, no fim das contas, o plano fracassou, em grande medida porque os defensores do projeto não foram capazes de persuadir a comunidade de investidores de que a cidade acabaria se expandindo para o extremo norte.

Em 1798, passados nove anos, os jornais e panfletos chamavam o Collect Pond de "buraco escandaloso" que atraía "vazamentos, detritos, lixos, urina e dejetos de um grande território à sua volta". Como a água ficou poluída demais para o consumo, a administração pública decidiu que seria melhor aterrar o lago e os pântanos ao redor e construir um bairro "de luxo" por cima, a fim de atrair famílias abastadas com o desejo de morar longe do tumulto da cidade, o que não difere muito dos subúrbios planejados que surgiram em Long Island e Nova Jersey em meados do século XX.

VISIONÁRIOS

Em 1802, a Câmara Municipal decretou a demolição de Bunker Hill e a utilização da "terra boa e fértil" da colina para apagar o Collect Pond do mapa de Nova York. Em 1812, as fontes de água doce que haviam saciado a sede dos residentes de Manhattan durante séculos foram aterradas. Nenhum nova-iorquino comum que habite a superfície voltou a vê-las desde essa época.

Por algum tempo, no início dos anos 1820, um bairro notável se ergueu sobre a antiga região do lago. Mas, pouco depois, a tentativa da administração pública de eliminar a paisagem natural do Collect sofreu uma espécie de retaliação. Por baixo das novas casas elegantes, na "terra boa e fértil" de Bunker Hill, microrganismos abriam caminho a todo vapor em meio à matéria orgânica que havia restado da vida anterior do Collect Pond: todas aquelas carcaças de animais em decomposição e outros tipos de biomassa dos pântanos.

O trabalho desses micróbios subterrâneos causou dois problemas no terreno. À medida que a biomassa se decompunha, as casas foram afundando na terra. E, conforme afundavam, odores pútridos passaram a emanar do solo. Mesmo as chuvas mais fracas alagavam os porões com a água fétida dos charcos. Surtos de febre tifoide passaram a ser comuns na vizinhança. Em questão de anos, os moradores abastados foram embora, e o valor das habitações despencou. O bairro logo virou um ímã para as pessoas mais pobres da cidade, para os afro-americanos que fugiam da escravidão no sul do país, para os novos imigrantes que chegavam da Irlanda e da Itália. Na miséria de sua infraestrutura decadente, a região ficou mundialmente famosa pela criminalidade e pela libertinagem. Nos anos 1840, quando Charles Dickens visitou a área, ela já havia se tornado a favela mais famosa dos Estados Unidos: Five Points.

INTRODUÇÃO

O ERRO DE QUINHENTOS ANOS

A história do Collect Pond é, em parte, uma narrativa sobre decisão — ou sobre duas decisões, na verdade. Elas não coincidiram diretamente no tempo nem foram tomadas por um único indivíduo. Mas podemos resumi-las em um simples dilema: deveríamos preservar o Collect Pond, transformando-o em um parque, ou deveríamos eliminá-lo? As consequências que se seguiram à decisão ainda afetam as experiências diárias dos nova-iorquinos que hoje vivem e trabalham no bairro, mais de dois séculos depois. A terra que um dia foi ocupada pela população estigmatizada de Five Points abriga atualmente um conjunto mais desenvolvido de edifícios governamentais e torres comerciais, mas com pouca personalidade. Imagine um Lower Manhattan que ostentasse um oásis verde, talvez do tamanho do parque Boston Common (que equivale a 28 campos de futebol), com um lago pitoresco rodeado por um despenhadeiro rochoso que ficasse à mesma altura das construções erguidas à sua volta. Gostamos de romantizar a era Five Points hoje em dia, mas as gangues de Nova York teriam encontrado outro lugar para se reunir se a cidade não tivesse aterrado o lago. A queda repentina no preço dos imóveis desencadeada por aqueles micróbios subterrâneos certamente ajudou a atrair os imigrantes que transformariam a cidade em um verdadeiro centro cosmopolita, mas, além das moradias baratas em Five Points, outras forças impulsionaram esse fluxo populacional. Os bairros da cidade ainda são suscetíveis a grandes mudanças demográficas e arquitetônicas, reinventando-se de poucas em poucas gerações. Mas, uma vez que se aterra o lago, esse é um caminho sem volta.

Se o plano de L'Enfant tivesse sido implementado, muito provavelmente o Collect Pond Park seria hoje um dos grandes idílios urbanos do mundo. O National Mall, em Washington, DC, outro

VISIONÁRIOS

projeto de L'Enfant, atrai milhões de turistas por ano. Os parques urbanos convencionais têm uma longevidade que pode superar a de castelos, cemitérios ou fortes. A decisão de criar o Central Park e o Prospect Park segue beneficiando a população de Nova York 150 anos depois de ter sido contemplada pela primeira vez, e tudo indica que os parques vão sobreviver, mais ou menos intactos, pelos próximos séculos. Na cidade espanhola de Sevilha, pântanos similares ao Collect Pond foram transformados em parque no ano de 1574, quando o conde de Barajas os drenou, convertendo-os em um sistema de irrigação e construindo uma alameda. Assim como muitos espaços urbanos, o parque passou por um período sombrio nos anos 1970, quando se tornou um antro de drogas e criminalidade, mas hoje em dia prospera, como uma ilha intocada em um mar de transformações urbanas por quase quinhentos anos. O próprio plano urbanístico é mais duradouro.

Se pensarmos por esse lado, é difícil não imaginar que a decisão de aterrar o Collect Pond tenha sido um erro de quinhentos anos. Mas esse erro, no fim das contas, remonta ao fato de que rejeitar o plano de L'Enfant e aterrar o lago nunca foi visto como uma decisão. Tratou-se, em vez disso, de um emaranhado de ação e inação. Ninguém se propôs a contaminar a água potável de propósito; o fim do Collect foi um típico caso de tragédia dos bens comuns. O plano de L'Enfant fracassou não porque os cidadãos não quisessem a preservação do lago, mas porque alguns especuladores tiveram uma visão limitadíssima do potencial de crescimento de Manhattan.

É evidente que no século XXI sofremos de uma dificuldade crônica de concentração, mas a verdade é que somos muito melhores em tomar esse tipo de decisão nos dias atuais. Um acidente geográfico tão importante para a ecologia do centro de Manhattan jamais seria destruído sem um extenso estudo do impacto ambiental. As

INTRODUÇÃO

partes interessadas seriam convocadas para discutir alternativas para a exploração da terra e fariam parte de processos de tomada de decisões em grupo, como a metodologia *design charrette*. Os economistas calculariam o custo do aterramento para o comércio local ou o faturamento potencial advindo de turistas que visitam um parque urbano histórico. Os participantes do debate se guiariam por um campo científico em crescimento chamado teoria da decisão — com raízes na economia, na psicologia comportamental e na neurociência —, que codificou uma série de estruturas úteis para tomar decisões de longo prazo desse tipo. Nenhum desses recursos estava disponível para os residentes de Manhattan no fim do século XVIII. Ainda somos capazes de cometer erros de quinhentos anos, sem dúvida, mas hoje temos ferramentas e estratégias que podem nos ajudar a evitá-los.

A capacidade de tomar decisões de longo prazo é uma das poucas características verdadeiramente exclusivas do *Homo sapiens*, além de nossa capacidade de inovação tecnológica e nosso dom para a linguagem. E estamos nos aperfeiçoando nisso. Somos capazes de confrontar essas escolhas de proporções épicas com uma inteligência e um nível de previsão que teriam surpreendido os urbanistas de dois séculos atrás.

A ESCOLHA DE DARWIN

Em julho de 1838, cerca de uma década depois de aquelas belas residências começarem a afundar nos resquícios do Collect Pond, Charles Darwin, do outro lado do Atlântico, sentou-se para tomar notas a respeito de uma decisão que, indiretamente, mudaria o rumo da história científica. Darwin tinha 29 anos. Ele voltara havia dois anos de sua lendária viagem ao redor do mundo a

VISIONÁRIOS

bordo do navio HMS *Beagle* e estava a poucos meses de traçar o primeiro esboço da seleção natural em seus cadernos, apesar de só ter publicado suas descobertas duas décadas mais tarde. A decisão com a qual lutava em julho teria um papel crítico nesse atraso angustiante, embora não tivesse relação direta com as questões científicas a respeito da origem das espécies. Era um tipo diferente de ponderação — também existencial, mas de caráter mais pessoal: *Será que eu deveria me casar?*

A abordagem escolhida por Darwin para lidar com a questão é familiar para muitos de nós atualmente: ele fez uma lista de prós e contras, dividindo duas páginas de seu caderno em duas colunas, uma com argumentos a favor e outra com argumentos contrários ao casamento.[2] Abaixo do título "Não Casar", ele listou o seguinte:

Liberdade para ir aonde quiser

Escolher ou não fazer parte da alta sociedade

Conversas com homens inteligentes em clubes

Não ter a obrigação de visitar parentes e se preocupar com qualquer bobagem

Gastos e medo de ter filhos

Possíveis brigas

Perda de tempo

Não poder ler à noite

Engordar e ficar ocioso

Ansiedade e responsabilidade

Menos dinheiro para comprar livros etc.

Se tiver muitos filhos, obrigação de trabalhar mais (o que é muito ruim para a saúde)

Talvez minha esposa não goste de Londres; então, a condenação é o exílio e a degradação até se tornar um homem tolo e desocupado

INTRODUÇÃO

Abaixo do título "Casar", compilou esta lista:

Filhos (se Deus quiser)

Uma companhia constante (e uma amizade na velhice) que se interessará por mim

Alguém para amar e brincar que seja melhor do que um cachorro

Um lar e alguém para cuidar da casa

Os encantos da música e do bate-papo com uma mulher. Essas coisas são boas para a saúde — mas uma terrível perda de tempo

Meu Deus, é intragável pensar em passar uma vida inteira trabalhando e trabalhando, feito uma abelha operária, e, no fim das contas, nada — Não, não, é inaceitável

Imagine viver sozinho numa casa imunda e enfumaçada em Londres

Apenas visualize uma boa e agradável esposa em um sofá com uma boa lareira e livros, talvez música

Compare esta visão com a realidade sombria da Great Marlborough Street, em Londres

A contabilidade emocional de Darwin sobrevive até hoje nos arquivos da biblioteca da Universidade de Cambridge, mas não temos nenhuma evidência de como ele realmente ponderou sobre esses argumentos. Sabemos a decisão que ele acabou tomando, não só por ter escrevinhado "Casar, Casar, Casar Q.E.D."* no fim da página, mas também porque de fato se casou com Emma Wedgwood seis meses depois das anotações. O casamento marcou

---

* Q.E.D. é a sigla da locução latina *"Quod erat demonstrandum"* [como se queria demonstrar], usada ao fim de um raciocínio. *[N. da E.]*

VISIONÁRIOS

o início de uma união que traria muita felicidade a Darwin, mas também um grande conflito intelectual, pois sua visão científica de mundo, cada vez mais agnóstica, batia de frente com as crenças religiosas de Emma.

A técnica de duas colunas de Darwin remonta a uma famosa carta escrita meio século antes por Benjamin Franklin em resposta a um pedido de conselho de Joseph Priestley, químico e político radical britânico. Priestley tentava decidir se aceitaria ou não uma oferta de emprego do conde de Shelburne, o que exigiria deslocar sua família de Leeds para a propriedade do conde, a leste de Bath. Priestley era amigo de Franklin havia vários anos e, no fim do verão de 1772, escreveu ao amigo, que à época morava em Londres, consultando-o a respeito da importantíssima escolha profissional. Mestre das técnicas de desenvolvimento pessoal, Franklin optou por não tomar partido em sua resposta e, em vez disso, ofereceu um método para ajudar na tomada de decisão:

> Em um Assunto que lhe é de tanta Importância, em que você pede meu Conselho, não posso, por falta de Circunstâncias suficientes, aconselhá-lo sobre o que decidir, mas, se me permite, lhe direi como decidir.
>
> Quando tais Casos difíceis ocorrem, eles são difíceis principalmente porque, embora os levemos em Consideração, todas as Razões favoráveis e contrárias não vêm à Mente ao mesmo tempo; às vezes, um Conjunto se evidencia e, outras vezes, está fora de Vista. Daí os vários Propósitos ou as várias Inclinações que se apresentam e a Incerteza que nos deixa perplexos.
>
> Para superar isso, o que Faço é dividir meia folha de papel em duas colunas com uma linha, escrevendo Prós no topo de uma e Contras no topo da outra. Então, durante três ou quatro Dias de Deliberação, anoto abaixo dos di-

INTRODUÇÃO

ferentes Títulos breves, Sugestões dos diferentes Motivos que em diferentes Momentos me ocorrem a favor ou contra a Medida. Assim, quando reúno todos numa Visão, tento estimar seus respectivos Pesos; e, quando encontro dois, um de cada lado, que parecem iguais, os elimino: se encontro um Motivo pró igual a dois Motivos contra, elimino os três. Se eu julgar que dois Motivos contra equivalem a três Motivos pró, elimino os cinco; e, assim procedendo, descubro por fim onde o Equilíbrio se encontra; e, se após um ou dois Dias de mais Deliberação, nada novo que tenha Importância surgir em nenhum dos lados, chego, portanto, a uma Decisão.

E, embora o Peso dos Motivos não possa ser medido com a Precisão das Quantidades Algébricas, ainda assim, quando cada um é avaliado separada e comparativamente e o todo se apresenta diante de mim, penso ser capaz de julgar melhor e me sinto menos propenso a dar um Passo precipitado; e, de fato, descobri grande Vantagem nesse tipo de Equação, no que pode ser chamado de Álgebra Moral ou Prudente.[3]

Assim como a maioria dos que rabiscaram listas de prós e contras em cadernos de lá para cá, Darwin não parece ter recorrido a toda a complexidade dessa "álgebra moral". Franklin usou uma técnica primitiva, mas ainda assim poderosa, de "ponderação", reconhecendo que alguns argumentos serão, inevitavelmente, mais significativos do que outros. Na abordagem dele, a fase de "Equilíbrio" é tão importante como a etapa inicial de anotar os tópicos em cada coluna. Mas é provável que Darwin tenha calculado intuitivamente os respectivos pesos, talvez decidindo que, a longo prazo, ter filhos poderia ser mais importante para ele do que as "conversas com homens inteligentes em clubes". Em termos de aritmética simples, o dilema de Darwin tinha cinco tópicos a mais no lado dos "contras", e, ainda assim, a álgebra moral parece tê-lo conduzido a uma irresistível decisão a favor do casamento.

Suspeito que a maioria de nós já fez uma lista de prós e contras em diversas encruzilhadas da vida pessoal ou profissional. (Lembro que meu pai me ensinou o método em um bloco de notas com as páginas amarelas durante meus tempos de escola primária.) No entanto, o exercício de equilíbrio de Franklin — eliminar argumentos de peso correspondente — foi em grande parte se perdendo na história. Em sua forma mais simples, uma lista de prós e contras costuma se resumir a somar os argumentos e determinar qual coluna é mais comprida. Mas, integrando ou não as técnicas mais avançadas de Franklin, esse tipo de lista ainda é um dos únicos métodos que normalmente aprendemos para avaliar uma decisão complexa. Para muitos de nós, a "ciência" de fazer escolhas difíceis está estagnada há dois séculos.

A DELIBERAÇÃO

Pense numa decisão semelhante à de Darwin ou à de Priestley que você já tenha tomado. Talvez seja aquela vez em que você considerou trocar um emprego confortável, mas entediante, por um cargo numa start-up que lhe trouxesse mais ânimo e fosse menos previsível; ou quando você remoeu a ideia de passar por um procedimento médico que apresentava tanto um risco quanto uma recompensa. Ou então pense numa decisão sua pertinente à esfera pública: votar no referendo do Brexit, digamos, ou debater, como parte de suas responsabilidades em um conselho escolar, se um novo diretor deve ser contratado. Você usou uma *técnica* para tomar tal decisão? Ou o processo simplesmente evoluiu como

INTRODUÇÃO

uma série de conversas informais e ponderações sobre o cenário? Suspeito que a maioria de nós responderia a última opção; na melhor das hipóteses, nossas técnicas não seriam tão diferentes das anotações de Darwin em duas colunas de um pedaço de papel seguidas da contagem dos resultados.

A arte de fazer escolhas estratégicas — decisões que exigem longos períodos de deliberação e cujas consequências podem durar anos, se não séculos, como no caso do Collect Pond — é uma competência curiosamente subestimada. Pense na extensa lista de habilidades que ensinamos aos alunos de ensino médio: como fatorar uma equação do segundo grau; como fazer um diagrama do ciclo celular; como escrever um bom tópico frasal. Ou ensinamos habilidades com um objetivo mais profissional: linguagens de programação ou algum tipo de especialidade mecânica. No entanto, quase nunca vemos um curso dedicado à arte e à ciência da tomada de decisões, embora a competência de tomar decisões embasadas e criativas se aplique a todos os aspectos da vida: no ambiente de trabalho; no papel doméstico que desempenhamos como pais ou membros de uma família; na vida cívica como eleitores, ativistas ou políticos eleitos; e na própria realidade econômica, gerenciando o orçamento mensal ou planejando a aposentadoria.

Ironicamente, nos últimos anos, temos visto uma explosão de livros populares sobre tomada de decisões, mas a maioria se concentra em um tipo muito diferente de escolha: os julgamentos rápidos e as impressões intuitivas, descritos em livros como *Blink: A decisão num piscar de olhos* e *O momento decisivo*, muitos dos quais se baseiam na pesquisa pioneira sobre o cérebro emocional conduzida por cientistas como António Damásio e Joseph LeDoux. O brilhante *Rápido e devagar*, de Daniel Kahneman, apresentou a ideia do cérebro dividido em dois sistemas distintos, ambos envolvidos no processo da tomada de decisões. O Sistema I é

VISIONÁRIOS

a parte ágil, intuitiva e emocional do cérebro; o Sistema 2 é o que acionamos quando precisamos avaliar conscientemente uma situação. Essas são, sem dúvida, categorias poderosas no pensar sobre os pensamentos, mas o trabalho de Kahneman — feito em grande parte com a colaboração de Amos Tversky — focou amplamente nas idiossincrasias e nas irracionalidades do Sistema 1. Esse novo modelo do cérebro é útil para compreendermos todos os tipos de disfunções, grandes e pequenas, que nos afligem no mundo moderno. Aprendemos como nosso cérebro pode ser manipulado por operadoras de cartão de crédito e por credores hipotecários predatórios; por que escolhemos certas marcas e não outras; e por que às vezes nos deixamos levar por primeiras impressões enganosas ao decidir se devemos ou não confiar em alguém que acabamos de conhecer. No entanto, com uma leitura criteriosa da pesquisa clínica, a maioria dos experimentos por trás da ciência costuma soar mais ou menos assim:

Problema 1: Qual opção você escolhe? Ganhar novecentos dólares com certeza *ou* ter 90% de chance de ganhar mil dólares?

Problema 2: Qual opção você escolhe? Perder novecentos dólares com certeza *ou* ter 90% de chance de perder mil dólares?

Problema 3: Além de todas as suas posses, você recebeu mil dólares. Agora, você deve escolher uma das seguintes opções: 50% de chance de ganhar mil dólares *ou* ganhar quinhentos dólares com certeza?

Problema 4: Além de todas as suas posses, você recebeu dois mil dólares. Agora, você deve escolher uma das seguintes opções: 50% de chance de perder mil dólares *ou* perder quinhentos dólares com certeza?[4]

INTRODUÇÃO

Dá para fechar um livro inteiro com exemplos de experimentos desse tipo. Os resultados que tais estudos produziram são de fato reveladores e, às vezes, ilógicos, mas, ao lê-los com mais atenção, começamos a notar uma ausência recorrente: nenhuma das opções apresentadas aos participantes tem semelhança com a decisão de aterrar o Collect Pond ou a escolha de Priestley de aceitar a oferta de trabalho. Em vez disso, as decisões quase sempre assumem a forma de pequenos quebra-cabeças, mais próximos das escolhas feitas numa mesa de blackjack do que o tipo de escolha que Darwin contemplava em seu caderno. Áreas como a da economia comportamental foram construídas com base em experimentos abstratos desse tipo, em que cientistas pedem aos participantes que apostem em alguns resultados arbitrários, cada um associado a diferentes probabilidades. Existe um motivo para muitas perguntas assumirem essa forma: são precisamente os tipos de decisões que podem ser testadas em um laboratório.

Mas, quando relembramos nossa trajetória pessoal, creio que a maioria de nós concordaria que as decisões que no fundo mais importam não dependem muito — ou pelo menos não deveriam depender — de instintos e de intuição. São decisões que exigem pensamento lento, não rápido. Embora sejam, sem dúvida, influenciadas pelos atalhos emocionais de nossas reações instintivas, elas dependem de pensamento deliberativo, não de respostas instantâneas. Demoramos a tomá-las justamente porque envolvem problemas complexos com múltiplas variáveis. Essas propriedades necessariamente fazem com que as redes lógicas e emocionais por trás das decisões sejam mais opacas para os pesquisadores, levando em conta as óbvias limitações éticas e práticas que transformam o estudo das escolhas dessa magnitude em um desafio para os cientistas. Pedir que alguém escolha uma barra de chocolate em detrimento de outra é algo fácil de fazer em laboratório; pedir

VISIONÁRIOS

que alguém decida se deve ou não se casar é bem mais difícil de arquitetar.

Mas isso não significa que as ferramentas que temos à disposição para fazer escolhas difíceis não tenham melhorado consideravelmente desde os tempos de Priestley. A maioria das pesquisas importantes nesse campo multidisciplinar têm sido conduzidas com base em decisões de grupos de pequeno e médio porte: uma equipe de colegas de trabalho que debate se deve ou não lançar um novo produto; um grupo de conselheiros militares que avalia as opções de uma invasão; uma associação de moradores que tenta definir as diretrizes adequadas para o desenvolvimento de um bairro gentrificado; um júri que determina se um concidadão é culpado ou inocente. Com efeito, esse tipo de decisão é formalmente descrito como "deliberativa". Quando vemos o bandido acusado em um julgamento pela primeira vez, é muito possível que tenhamos uma resposta instintiva de culpa ou inocência que nos ocorre por meio de uma rápida avaliação da conduta ou das expressões faciais, ou de nossa própria postura prévia em relação ao crime e às autoridades. Mas os sistemas para a tomada de decisões deliberativas são desenvolvidos com o propósito específico de nos impedir de cair em pressuposições, justamente porque é improvável que elas nos levem à decisão correta. É preciso tempo para deliberar, avaliar as opções e ouvir os vários pontos de vista antes de emitir um julgamento.

Não precisamos só de experimentos de psicologia social para cultivar nossas habilidades decisórias. A história recente está repleta de estudos de caso em que decisões complexas foram tomadas por grupos que adotaram conscientemente estratégias e rotinas projetadas para produzir resultados com mais visão de futuro. Temos muito a aprender com essas decisões, porque podemos não só aplicar as técnicas às nossas escolhas pessoais,

INTRODUÇÃO

mas também usar esse conhecimento e avaliar as habilidades decisórias de nossos líderes, colegas e pares. É muito raro que, em um debate político ou uma reunião de acionistas, candidatos ou executivos sejam questionados sobre como lidam com uma tomada de decisão, mas, no fim das contas, talvez não haja habilidade mais valiosa que essa para alguém que ocupe qualquer cargo de liderança. Coragem, carisma, inteligência — todos os atributos comuns que costumamos julgar ao considerarmos votar em alguém perdem a força se comparados com a única questão fundamental: será que ele ou ela fará boas escolhas diante de uma situação complexa? A inteligência, a confiança ou a intuição só nos levam até certo ponto quando nos vemos diante de uma dessas difíceis encruzilhadas. De certa forma, os atributos individuais não são suficientes. Não é de *talento* que um "decididor" — citando o termo de George W. Bush que virou motivo de chacota — precisa em tais circunstâncias para a tomada de decisões. Na verdade, é preciso ter uma *rotina* ou uma *prática* — um conjunto específico de etapas para enfrentar o problema, explorar suas propriedades únicas e avaliar as opções.

No fim das contas, vemos muito drama e muita intensidade ao assistir a um grupo lidar com uma decisão complexa. (Algumas das passagens mais poderosas da literatura capturam essa experiência, como veremos.) No entanto, essa narrativa mais lenta e contemplativa é, muitas vezes, ofuscada por eventos mais abruptos: um discurso inflamado, uma invasão militar, um lançamento espetacular de um produto. Costumamos adiantar a fita para chegar aos resultados das decisões difíceis, passando por cima da jornada que nos levou até lá. Mas às vezes, quando mais importa, é preciso rebobiná-la.

O CASARÃO

Em agosto de 2010, o informante paquistanês Ibrahim Saeed Ahmed — também conhecido como "al-Kuwaiti", entre outros pseudônimos — dirigiu por duas horas a leste da árida cidade de Pexauar em direção às colinas Sarban, onde fica a cidade de Abbottabad. Al-Kuwaiti esteve na mira da CIA por muitos anos, pois sua ligação com Osama bin Laden e outros membros do alto escalão da al Qaeda era conhecida. Um agente paquistanês que reunia informações para a CIA identificou o jipe Suzuki branco de al-Kuwaiti em Pexauar e o seguiu sem ser descoberto até um subúrbio nos arredores de Abbottabad, em um trajeto que terminava numa estrada de terra que dava acesso a um casarão decadente cercado por muros de concreto com 4,5 metros de altura e arame farpado no topo. Quando al-Kuwaiti entrou no local, o agente paquistanês avisou à CIA que o alvo fora recebido em um imóvel que parecia dispor de um esquema de segurança mais elaborado do que o das casas da vizinhança. Havia algo suspeito naquilo tudo.

Esse engenhoso ato de vigilância foi o pontapé inicial de uma sequência de eventos que levariam à lendária operação de maio de 2011 e à morte de Osama bin Laden, que conseguiu viver por quase cinco anos no casarão com relativo conforto — sobretudo se comparado ao esconderijo no meio das cavernas ao qual muitos suspeitavam que ele tivesse recorrido. A história do ataque à improvável residência de Bin Laden, com helicópteros Black Hawk descendo no local durante a madrugada, foi descrita como uma operação militar executada com brilhantismo e resiliência, uma vez que resistiu ao que poderia facilmente ter se tornado um fracasso catastrófico quando um dos helicópteros caiu ao tentar supervisionar o interior do casarão. As ações executadas naquela noite contam uma história de coragem, trabalho em equipe que beira a

INTRODUÇÃO

perfeição, e pensamento rápido sob um grau de pressão quase inimaginável. Não é de surpreender que o episódio tenha sido tema de filmes hollywoodianos de sucesso e documentários televisivos de alto nível, bem como diversos livros best-sellers.

Mas a história completa por trás da operação — não só as ações executadas naquela noite, mas os nove meses de deliberação que resultaram no ataque de Abbottabad — ajuda a explicar por que o talento para fazer escolhas difíceis tem sido, em geral, negligenciado nas escolas e na cultura como um todo. Temos uma tendência a enfatizar os *resultados* de boas decisões, e não o processo que levou à decisão em si. A operação em Abbottabad foi um triunfo de instituições militares como os SEALs, da Marinha dos Estados Unidos, e das tecnologias de satélite que lhes permitiram analisar a residência com precisão o suficiente para planejar o ataque. Mas, antes de toda aquela força e ousadia espetaculares, teve-se um processo mais lento e menos digno de manchetes que possibilitou a invasão para início de conversa, processo este que recorreu explicitamente ao nosso novo entendimento de fazer escolhas difíceis. A tecnologia utilizada para rastrear Bin Laden era de última geração, desde os satélites até os Black Hawks. Mas a mesma coisa pode ser dita da tomada de decisões. O irônico é que a maioria de nós, cidadãos comuns, não tem quase nada a aprender com a história da operação em si. Por outro lado, temos tudo a aprender com o processo decisório que a desencadeou. A imensa maioria de nós nunca vai ter que pousar um helicóptero em um pátio apertado na calada da noite. Mas todos enfrentaremos decisões desafiadoras ao longo da vida, cujos resultados podemos aprimorar ao aprendermos com as deliberações internas que levaram à morte de Bin Laden.

Quando a notícia de que o agente havia seguido al-Kuwaiti até um casarão misterioso nos arredores de Abbottabad chegou à

VISIONÁRIOS

sede da CIA, quase ninguém suspeitou que estivessem diante do verdadeiro esconderijo de Osama bin Laden. Era consenso que Bin Laden vivia em alguma região remota, não muito diferente das cavernas de Tora Bora, onde as forças norte-americanas quase o haviam capturado oito anos antes. O imóvel em si ficava a menos de 1 quilômetro da Academia Militar do Paquistão; muitos dos vizinhos de Bin Laden eram membros do Exército paquistanês. Presumia-se que o país fosse aliado dos Estados Unidos na guerra ao terror. A ideia de que o homem por trás do 11 de Setembro pudesse estar vivendo no meio de uma comunidade militar do Paquistão parecia absurda.

Mas a missão inicial de reconhecimento do casarão só aumentou o mistério. A CIA logo apurou que o local não tinha linhas telefônicas nem internet e que os residentes queimavam o próprio lixo. A presença de al-Kuwaiti sugeria que a propriedade tinha alguma ligação com a al Qaeda, mas os gastos com a construção por si só — estimados em mais de 200 mil dólares — eram intrigantes: por que um grupo terrorista com recursos escassos colocaria tanto dinheiro em um imóvel no subúrbio de Abbottabad? De acordo com o relato de Peter Bergen sobre a caça a Bin Laden, o diretor da CIA, Leon Panetta, foi informado sobre a visita de al-Kuwaiti em agosto de 2010. Os agentes descreveram o esconderijo em potencial — de modo um tanto quanto agressivo — como uma "fortaleza". O termo chamou a atenção de Panetta, e ele ordenou que os funcionários corressem atrás de "todos os planos de ação possíveis" para descobrir quem vivia do outro lado daqueles muros de concreto.

O processo decisório que levou à execução de Osama bin Laden foi, no fim das contas, uma sequência de duas decisões muito diferentes. A primeira ganhou forma de mistério: a CIA precisava determinar quem vivia naquele casarão enigmático. A segunda

INTRODUÇÃO

surgiu no momento em que eles tiveram convicção de que a estrutura abrigava o líder da al Qaeda: como entrar no imóvel e prender ou matar Bin Laden, partindo do princípio de que eles haviam tomado a decisão certa antes? A primeira decisão foi epistemológica: como podemos *saber ao certo* a identidade das pessoas que vivem nesse casarão do outro lado do planeta? Responder a essa pergunta envolveu uma espécie de trabalho de detetive: juntar as pistas vindas de uma ampla variedade de fontes. A segunda decisão girou em torno de ações e suas consequências: se simplesmente bombardearmos a propriedade, será que um dia teremos certeza de que Bin Laden estava lá? Se enviarmos uma equipe de operações especiais para capturá-lo, o que acontece caso eles tenham algum problema no local? E, mesmo que sejam bem-sucedidos, deveriam tentar levar Bin Laden com vida?

Cada uma dessas decisões foi seguida de uma decisão semelhante que dera terrivelmente errado no passado. Oito anos antes, o governo Bush havia enfrentado um dilema epistemológico parecido — será que Saddam Hussein tinha armas de destruição em massa? —, cujas consequências foram desastrosas. E a decisão de iniciar o ataque ao casarão ecoou tanto o malsucedido resgate de helicóptero dos reféns norte-americanos no Irã durante o governo Jimmy Carter quanto a invasão fracassada da baía dos Porcos no governo John F. Kennedy. Essas decisões foram tomadas por pessoas inteligentes que trabalharam de boa-fé para fazer a coisa certa. As decisões foram matutadas por meses, e, mesmo assim, o resultado foi um fracasso catastrófico. De certa forma, podemos ver o triunfo da operação contra Bin Laden como um raro exemplo de uma instituição que aprende com seus erros ao aprimorar deliberadamente o *processo* que levara até eles.

No fim, várias escolhas difíceis envolvem decisões internas que precisam ser julgadas separadamente e muitas vezes em alguma

VISIONÁRIOS

sequência predeterminada, como no ataque a Abbottabad. Para tomar a decisão certa, é preciso descobrir como estruturá-la adequadamente, uma habilidade importante por si só. No caso da busca por Bin Laden, a CIA teve que identificar quem estava no casarão e depois precisou traçar uma estratégia para atacá-lo. Mas cada uma das decisões passava por duas fases distintas, por vezes chamadas de fases de divergência e de consenso.

Na fase de divergência, o principal objetivo é reunir o maior número possível de perspectivas e variáveis por meio do levantamento de novas possibilidades. Às vezes, tais possibilidades viram informações que podem influenciar a decisão final; outras vezes, conduzem a caminhos totalmente novos, que não haviam sido contemplados no início do processo. Já na fase de consenso, inverte-se o sentido: o grupo começa a reduzir suas opções, buscando um acordo sobre o caminho correto. Para obter sucesso, cada fase requer um conjunto distinto de ferramentas cognitivas e modelos colaborativos. É claro que a maioria de nós não faz uma separação mental das duas fases. Simplesmente examinamos as opções, realizamos algumas reuniões informais e tomamos uma decisão, por meio de algum tipo de votação em grupo ou de uma avaliação individual.

Na busca por Bin Laden, a CIA fez questão de incluir uma fase de divergência em ambas as etapas de investigação daquele misterioso casarão. Algumas semanas depois de Panetta ter recebido a notícia da "fortaleza" nos arredores de Abbottabad, o chefe do Estado-Maior ordenou que a equipe encarregada da operação elaborasse 25 estratégias diferentes de identificar os ocupantes do imóvel. Disseram-lhes de modo bem claro que nenhuma ideia era absurda. Afinal, tratava-se da fase de levantamento. O objetivo era gerar mais possibilidades, e não restringir o cenário. Os analistas, por fim, mostraram-se dispostos até demais a propor estratégias

INTRODUÇÃO

improváveis. "Uma ideia consistia em lançar bombas de fedor para expulsar os ocupantes do complexo", escreveu Bergen. "Outra sugeria brincar com o suposto fanatismo religioso dos habitantes e transmitir por alto-falantes do lado de fora o que se pretendia ser a 'Voz de Alá', dizendo: 'Ordeno que saiam até a rua!'"[5] No fim das contas, propuseram *trinta e sete* maneiras de obter acesso clandestino ao local. A maioria se provou completamente inútil para identificar os ocupantes, apenas becos sem saída na fase de levantamento. Mas algumas acabaram abrindo novos caminhos. Um desses caminhos, enfim, levaria à morte de Osama bin Laden.

RACIONALIDADE LIMITADA

O que faz das decisões complexas algo tão desafiador? Durante a maior parte dos dois séculos anteriores, nossa compreensão da tomada de decisões girou essencialmente em torno do conceito de "escolha racional" da economia clássica. Quando as pessoas chegavam ao ponto de tomar uma decisão — quer envolvesse comprar um carro, mudar-se para a Califórnia ou votar para deixar a União Europeia —, elas avaliavam as opções disponíveis e consideravam os custos e benefícios relativos de cada resultado possível (no jargão econômico, a "utilidade marginal" de cada opção). E então simplesmente escolhiam o vencedor: o caminho que levaria ao destino mais útil, aquele que satisfaria suas necessidades ou geraria mais felicidade com custo mínimo.

Se tivéssemos que especificar um ponto em nossa história intelectual em que esse fundamento clássico começou a ruir, poderíamos muito bem nos ater ao discurso de Herbert Simon em Estocolmo, no ano de 1958, quando recebeu o Prêmio Nobel de Ciências Econômicas. O trabalho de Simon havia explorado todas

VISIONÁRIOS

as maneiras pelas quais a estrutura da "escolha racional" ocultava a realidade muito mais nebulosa das escolhas feitas no mundo real. Para que a escolha racional fizesse sentido, eram necessários quatro votos de confiança significativos:

> O modelo clássico requer conhecimento de todas as alternativas disponíveis para escolha. Requer conhecimento completo ou capacidade de calcular as consequências que derivarão de cada uma das alternativas. Requer certeza da avaliação presente e futura de tais consequências por parte de quem decide. Requer a capacidade de comparar consequências, independentemente do quanto sejam diversas e heterogêneas, em termos de medida de utilidade consistente.

Pense numa decisão como a de aterrar o Collect Pond nesses termos clássicos. Será que aqueles que bateram o martelo enxergaram todas as opções possíveis? Será que estavam totalmente cientes das consequências de cada caminho potencial? É claro que não. Talvez sejamos capazes de reduzir uma decisão a um conjunto fixo de alternativas com consequências razoavelmente previsíveis — por exemplo, se vamos comprar pizza congelada ou filé-mignon para o jantar. Mas, numa situação tão complexa como a enfrentada pelos moradores de Manhattan nos idos de 1800, ser racional não é tão fácil. Simon propôs complementar a elegante (mas reducionista) fórmula da escolha racional com o que chamou de "racionalidade limitada": os tomadores de decisões não podem simplesmente torcer para que a incerteza e instabilidade das escolhas enfrentadas desapareçam. É preciso desenvolver estratégias que abordem especificamente esses desafios.

Nos sessenta anos que se passaram desde o discurso de Simon, pesquisadores de muitas áreas expandiram nossa compreensão so-

INTRODUÇÃO

bre a racionalidade limitada. Hoje entendemos que decisões visionárias são desafiadoras por muitos motivos variados. Elas envolvem variáveis correlacionadas; exigem uma reflexão que leve em conta o espectro completo de experiências e escalas diferentes; nos forçam a prever o futuro com níveis distintos de certeza. Muitas vezes, elas também apresentam objetivos conflitantes ou opções possivelmente úteis, mas imperceptíveis em um primeiro momento. E são vulneráveis às distorções causadas pelo pensamento individual do "Sistema 1" e pelas falhas do pensamento em grupo. Existem oito fatores principais que contribuem para o desafio da tomada de decisões com visão de futuro.

Decisões complexas envolvem muitas variáveis. Quando refletimos sobre uma dessas decisões clássicas de experimentos laboratoriais — "Ganhar novecentos dólares com certeza *ou* ter 90% de chance de ganhar mil dólares" —, existem maneiras sutis pelas quais nosso cérebro nos conduz a uma escolha irracional, mas não há pegadinha nem nada que precise ser desvendado. Até mesmo o elemento imprevisível (90% de chance) é nitidamente definido. Porém, um dilema — o que fazer com o Collect Pond ou como determinar se Bin Laden está vivendo em Abbottabad — pode envolver centenas de variáveis com potencial de impactar a decisão e suas consequências finais. Até decisões íntimas podem ter um número significativo de fatores: a lista de prós e contras de Darwin calculava o impacto do casamento em sua vida social com "homens em clubes", seu desejo de ter filhos, sua estabilidade financeira, sua necessidade de companhia romântica, suas ambições intelectuais e mais. E, em muitas decisões complexas, as variáveis-chave não se fazem evidentes desde o início; elas tem que ser desvendadas.

Decisões complexas exigem uma análise do todo. Pense nas diversas escalas da experiência humana como fatias do espectro de frequência do som audível. Quando ajustamos o equalizador de uma

VISIONÁRIOS

gravação, focamos numa dessas fatias: procuramos diminuir um pouco os graves para que o baixo não saia chiado ou aumentamos os médios para que possamos ouvir o vocal. Os produtores musicais têm ferramentas muito precisas que lhes permitem selecionar fatias surpreendentemente finas desse espectro, que possibilitam extrair de uma mixagem o ruído de fundo de uma corrente elétrica de 120 Hz e nada mais. Com o som, há dois polos extremos de audição: banda estreita e espectro completo. Podemos tirar tudo da mixagem e só ouvir aquele ruído ou podemos ouvir a orquestra inteira.

A mesma lógica se aplica às decisões. A enxurrada de decisões que tomamos em um dia comum é, em sua maioria, de banda estreita, como escolher uma marca de ketchup ou decidir que caminho fazer até o trabalho. Mas não é possível compreender as decisões que de fato importam na vida, as escolhas difíceis, por meio de uma simples escala. Não só porque elas contêm diversas variáveis, mas porque tais variáveis também lançam mão de perspectivas completamente diferentes. São multidisciplinares. Considere as decisões públicas de votar ou participar do veredito de um júri. Para tomar boas decisões, é preciso forçar a mente a pensar além das prioridades de banda estreita. Devemos analisar um problema a partir de numerosos pontos de vista. Votar em um candidato requer que pensemos sobre o temperamento dos políticos na corrida eleitoral, suas posições sobre economia e o impacto delas em nosso próprio bolso, as forças globais que provavelmente influenciarão o mandato, a habilidade de trabalhar com seus colegas de governo e muitas outras circunstâncias. Um jurado deve passar cognitivamente do reino microscópico das provas forenses para a misteriosa história dos precedentes legais e a psicologia intuitiva da leitura das expressões faciais das testemunhas no tribunal. Muitos de nós temos um forte desejo de voltar às avaliações

INTRODUÇÃO

de banda estreita: *Ela parece culpada; Vou votar no cara que vai reduzir meus impostos.* No entanto, decidimos melhor quando nos libertamos da miopia da escala única.

Decisões complexas nos obrigam a prever o futuro. Em última análise, boa parte das decisões, grandes ou pequenas, tratam do futuro. Escolho sorvete de baunilha em vez de sorvete de chocolate porque sou capaz de prever, com uma precisão baseada na experiência, que vou gostar mais do de baunilha que do de chocolate. As consequências de um ataque do governo dos Estados Unidos a uma residência no Paquistão não são tão fáceis de prever. Hoje em dia, um profissional da área de planejamento ambiental poderia simplesmente considerar o fator microrganismos ao avaliar a decisão de aterrar o Collect Pond, uma vez que tratar a água para consumo requer o extermínio de bactérias perigosas. Mas parece improvável que os microrganismos que causaram a degradação do subsolo de Five Points tenham sido levados em conta, o que resultou na desvalorização dos imóveis na vizinhança. Essa é a própria definição de sistemas caóticos: eles contêm centenas, se não milhares, de variáveis independentes, mas todas sujeitas às repercussões do processo decisório, o que significa que pequenos agentes podem desencadear maremotos inimagináveis.

Decisões complexas envolvem níveis variados de incerteza. Em muitos dos experimentos laboratoriais clássicos de economia comportamental, os psicólogos podem introduzir um nível de incerteza na decisão em estudo, mas essa incerteza em si é obviamente definida pelos termos do experimento: se escolhermos a opção dos 90% *versus* o valor garantido, sabemos com exatidão quanta incerteza estamos dispostos a tolerar. No mundo real, contudo, decisões complexas sempre envolvem diferentes níveis de incerteza: se cogitamos nos mudar de Nova York para a Califórnia, temos certeza de que as temperaturas no inverno serão, em média, mais

VISIONÁRIOS

altas no novo estado, mas não temos como saber se nossos filhos vão se dar bem ou não na escola pública. Ainda assim, em muitos casos, os resultados com o maior nível de incerteza são aqueles com os quais mais nos importamos.

Decisões complexas muitas vezes envolvem objetivos conflitantes. As decisões de banda estreita são fáceis porque não há choque de informações. Não precisamos pensar em microrganismos que desvalorizam os imóveis, nem em como nossas ambições profissionais na área da ciência podem afetar nosso desejo de intimidade com um cônjuge. As relações causais são mais simples. Mas o espectro completo também impõe desafios, porque as pessoas costumam ter princípios incompatíveis em diferentes pontos. É fácil seguir o coração quando o impacto de uma decisão é apenas no próprio estado emocional. É muito mais difícil quando nosso coração entra em conflito com nossos ideais políticos, com nossas raízes, com nossas necessidades financeiras — ou com os três fatores. E, é claro, tais conflitos agravam-se ainda mais quando a decisão envolve muitas partes interessadas ou uma comunidade inteira.

Decisões complexas abrigam opções desconhecidas. Como Simon observou, as escolhas difíceis também nos confundem, porque as opções disponíveis muitas vezes não estão bem definidas. À primeira vista, elas aparentam oferecer apenas duas alternativas: escolha A e escolha B. Mas, em geral, a melhor decisão — aquela que, de algum modo, encontra o equilíbrio mais engenhoso entre as partes conflitantes do espectro — acaba por ser uma opção que no início passou despercebida.

Decisões complexas estão sujeitas a falhas do Sistema 1. Para o indivíduo que se vê diante de uma decisão complexa, as peculiaridades do pensamento do Sistema 1 podem distorcer a maneira como a escolha é moldada ou as possíveis virtudes das escolhas em questão. Aversão à perda, viés de confirmação, a heurística da

INTRODUÇÃO

disponibilidade — ou seja, todos os atalhos que facilitam a superação de problemas simples da vida podem dificultá-la quando nos encontramos numa encruzilhada.

Decisões complexas são vulneráveis a falhas da inteligência coletiva. Grupos necessariamente oferecem um conjunto mais amplo de conhecimento e de perspectivas para o debate. Quando grandes e diversos, podem ser vitais para a fase de divergência de uma decisão, apresentando novas possibilidades e expondo riscos despercebidos. No entanto, os grupos são vulneráveis a muitas falhas internas, incluindo distorções ou preconceitos coletivos que surgem das dinâmicas sociais da interação humana. A expressão "comportamento de manada" é pejorativa por um motivo. Como veremos, muitas das técnicas desenvolvidas para ampliar a tomada de decisões complexas foram projetadas especificamente para evitar possíveis pontos cegos ou preconceitos coletivos e para desvendar a ampla gama de conhecimento de que um grupo seleto dispõe.

Esses oito fatores são as armadilhas que resultaram no fracasso de inúmeras decisões de longo prazo. Quando se trata de tomar uma decisão difícil, é quase impossível evitá-los. Mas, no decorrer das décadas que transcorreram desde que Simon propôs a noção de racionalidade limitada, tomadores de decisões de diversas áreas elaboraram um conjunto de práticas que nos ajudam a contornar alguns desses fatores, ou pelo menos a fortificar nosso navio para que as inevitáveis colisões causem menos estragos conforme rumamos em direção a um porto seguro.

IMPRESSÕES DIGITAIS E PRESSÕES SINGELAS

Em termos mais simples, as decisões deliberativas envolvem três etapas, desenvolvidas especificamente para superar os desafios

VISIONÁRIOS

próprios a uma escolha difícil: elaboramos um *mapa* preciso e completo de todas as variáveis e dos possíveis caminhos disponíveis; fazemos *previsões* sobre os lugares aonde todos esses diferentes caminhos podem nos levar, dadas as variáveis em jogo; chegamos à *decisão* sobre um caminho ao pôr na balança os vários resultados e nossos objetivos gerais.[6] Os três primeiros capítulos exploram as diferentes técnicas que podemos utilizar para tomar decisões em grupo, seguindo mais ou menos a sequência da maioria dos caminhos para a tomada de decisões: mapear, prever e, por fim, escolher. Os dois últimos capítulos oferecem um olhar mais especulativo sobre as decisões tomadas nos dois extremos: decisões de interesse geral, como o combate às mudanças climáticas; e decisões pessoais, como a que Darwin enfrentou em seu caderno.

Há uma cena maravilhosa na primeira metade do livro *Middlemarch*, de George Eliot, que captura os desafios de um dilema. (No último capítulo, voltaremos a *Middlemarch* e a uma decisão ainda mais famosa presente na obra.) A cena acompanha o monólogo interno de um jovem médico ambicioso chamado Tertius Lydgate na Inglaterra dos anos 1830, conforme ele pondera sobre uma decisão particularmente incômoda a ser feita em grupo: substituir ou não o querido pastor local, Camden Farebrother, por um novo capelão chamado Tyke, que tem o apoio de Nicholas Bulstrode, o banqueiro santarrão da cidade e a principal fonte de renda do hospital de Lydgate. Lydgate fez amizade com Farebrother, embora reprovasse as jogatinas do pastor. À medida que a reunião do conselho municipal se aproxima, Lydgate avalia suas opções:

> Desagradava-lhe frustrar-se em seus melhores propósitos, se não ficasse em bons termos com Bulstrode; desagradava-lhe outrossim votar contra Farebrother e ajudar a despojá-lo do cargo e dos vencimentos; e uma questão se colocava, se

INTRODUÇÃO

aquelas 40 libras a mais não poderiam libertar o pastor da ignóbil preocupação de ganhar no jogo. A coroar tudo isso, não agradava a Lydgate a consciência de que, votando em Tyke, ele estaria votando no partido que obviamente mais lhe convinha. Mas sua própria conveniência haveria de ser de fato o fim? Não faltaria quem dissesse que sim, alegando que ele procurava cair nas boas graças de Bulstrode só para se tornar importante e garantir seu caminho. E daí? De sua parte ele sabia que, se estivessem simplesmente em causa suas perspectivas pessoais, não ligaria nem um pingo para a amizade ou inimizade do banqueiro. O que realmente lhe importava era um meio para o seu trabalho, um veículo para as suas ideias; e, afinal de contas, não se impunha que ele preferisse por desígnio ter um bom hospital, onde pudesse demonstrar as distinções específicas da febre e testar resultados terapêuticos, antes de qualquer outra coisa ligada à tal capelania? Pela primeira vez, Lydgate estava sentindo a singela e embaraçosa pressão das pequenas contingências sociais, e sua complexidade frustradora.[7]

O que surpreende na passagem é, em primeiro lugar, as nuances do retrato de uma mente em meio ao processo decisório: todas as "pressões singelas" desenhadas nos mínimos detalhes. (Na verdade, a citação é apenas uma parte da abordagem de Eliot em relação às reflexões de Lydgate sobre essa escolha específica, que ocupam boa porção de um capítulo.) Mas as pressões em si têm origem em forças mais amplas e variadas do que a mente individual. Só nesse parágrafo, Lydgate se vê em conflito por sua amizade pessoal com Farebrother; seus conflitos morais com a fraqueza que Farebrother tinha pela jogatina; o estigma social de ser descoberto votando a favor de seu patrocinador; o custo econômico de potencialmente traí-lo em um foro público; a ameaça às suas ambições intelectuais caso Bulstrode se volte contra ele; e as oportunidades de melhorar a saúde da comunidade de Middlemarch, graças à sua crescente compreensão científica das "distinções específicas da febre". A escolha propriamente dita é binária: Farebrother ou Tyke. Mas a variedade de fatores que influenciam a decisão se estende por múltiplas escalas, da intimidade da conexão pessoal às tendências de longo prazo na medicina. E a escolha fica ainda mais confusa graças ao fato de que o próprio Lydgate tem objetivos conflitantes: ele quer que seu hospital seja financiado, mas não deseja ser motivo de chacota na comunidade por "bajular" o banqueiro.

O angustiante monólogo interno de Lydgate revela uma mente que luta com as fases de mapeamento e previsão de uma escolha difícil: analisar todas as camadas da decisão e especular sobre o que acontecerá se ele fizer uma escolha no lugar de outra. Na mente de Lydgate — assim como na lista de prós e contras de Darwin —, as duas fases se fundem numa só. Mas, no fim das contas, nós nos saímos muito melhor quando levamos em conta esses dois tipos de problemas separadamente: mapear a decisão e todas as suas "pressões singelas" e, em seguida, prever os resultados futuros que tais pressões estão propensas a criar.

Os céticos podem argumentar, com razão, que há algo nas decisões complexas que sempre resiste às prescrições banais. Existem variáveis demais, que interagem umas com as outras de modo não linear, para serem reduzidas a padrões previsíveis. A complexidade do problema faz dele algo singular. Cada decisão de longo prazo é um floco de neve, ou uma impressão digital: única, irrepetível, tão diferente de seus pares que não conseguimos classificá-la em categorias estereotipadas. Essa é a postura que o príncipe Andrei Bolkónski, de Tolstói, adota numa passagem memorável de *Guerra e paz*, desafiando a "ciência da guerra" que os generais russos acre-

INTRODUÇÃO

ditavam dominar. Adiantando-se ao discurso de Herbert Simon no Prêmio Nobel, o príncipe Andrei pergunta: "Que teoria ou ciência pode haver quando as condições e as circunstâncias são desconhecidas e não se pode determinar as forças atuantes?"

A pergunta de Tolstói era retórica, mas considere este livro uma tentativa de lhe dar uma resposta apropriada. Parte da resposta é que a ciência nos equipou com ferramentas que nos ajudam a discernir melhor as nuances de situações complexas, coisa que não existia nos tempos de Tolstói ou Darwin. O fato de cada impressão digital ser única não impediu que os cientistas compreendessem como elas se formam, para início de conversa, ou mesmo por que têm desenhos tão imprevisíveis. No entanto, o progresso mais importante na ciência das impressões digitais veio dos avanços exponenciais em nossa habilidade de distingui-las, discernindo as espirais únicas que diferenciam uma pessoa das demais. A ciência nem sempre comprime toda a complexidade do mundo em fórmulas compactas, que foi o que fizeram os estrategistas militares de Tolstói ao tentar comprimir o caos do campo de batalha na "ciência da guerra". Às vezes, a ciência expande a informação. Às vezes, nos ajuda a captar os detalhes da vida, todos aqueles que podem escapar a um olhar menos observador. Quando este livro faz uso de pesquisas científicas sobre a tomada de decisões, baseia-se sobretudo nessa forma de ampliar a informação a partir de estudos que nos auxiliam a ver além de nossas inclinações, nossos estereótipos e nossas primeiras impressões.

Mas outra parte da resposta à pergunta do príncipe Andrei trata de admitir que ele tem razão: existem limites para o que as lentes científicas podem revelar sobre a totalidade das experiências humanas, quer elas aconteçam no campo de batalha ou numa reunião do conselho municipal de uma cidadezinha para escolher o próximo pastor. Em tais ambientes, como observa Tolstói, "tudo

VISIONÁRIOS

depende de profusas condições, cuja importância se manifesta em um momento específico, ninguém sabe quando". Uma vida humana é uma bebida única que mistura acaso e circunstância, que se torna ainda mais complexa quando é enredada, como sempre acontece, por outros espíritos. Algo se perde quando reduzimos tudo isso à química.

No entanto, como os economistas comportamentais gostam de nos lembrar, já somos propensos, como espécie, a todo tipo de reducionismo. Isso não se restringe aos cientistas. Nós comprimimos realidades complexas para transformá-las em heurísticas abreviadas, que costumam funcionar muito bem no dia a dia para decisões de alta frequência e baixa importância. Como somos uma espécie de inteligência e autorreflexão incomuns, há muito percebemos que precisamos de ajuda para superar esses instintos reducionistas quando realmente importa. Assim, inventamos uma ferramenta chamada narrativa.

No início, algumas de nossas histórias eram ainda mais reducionistas do que as ciências viriam a ser: alegorias, parábolas e autos de moralidade que limitavam o fluxo da vida real a mensagens morais arquetípicas. Mas, ao longo do tempo, as narrativas foram desenvolvendo a capacidade de descrever a verdadeira complexidade da vivência, das espirais e das pressões singelas. Um dos maiores feitos desse desenvolvimento é o romance realista. É claro, essa é a implicação latente da pergunta do príncipe Andrei: "Inúmeras condições que se tornam significativas somente em momentos imprevisíveis" se encaixariam bem como descrição tanto de *Guerra e paz* quanto de *Middlemarch*, possivelmente as duas obras emblemáticas do cânone realista. O que confere ao romance um fundo de verdade é justamente a maneira como não segue esquemas já esperados, como dramatiza todas as forças e variáveis imprevisíveis

INTRODUÇÃO

que moldam as escolhas que os seres humanos enfrentam nos momentos mais importantes da vida.[8]

Quando lemos esses romances — ou biografias de personagens históricos similarmente ricas em conteúdo —, não estamos apenas nos entretendo; estamos também nos preparando para nossas próprias experiências no mundo real. Acima de tudo, quando nos encontramos diante de uma das escolhas difíceis da vida, precisamos encará-la em seus próprios termos, com um novo olhar. Para isso, temos tanto a arte quanto a ciência. Temos histórias — romances realistas, sim, mas também, como veremos, outros tipos de narrativa que foram criados deliberadamente para nos ajudar a perceber uma fatia mais ampla do espectro e nos preparar para resultados incertos. Por exemplo, planejamento de cenários, jogos de guerra, simulações por conjunto, *pre-mortem*. Nenhum deles deve ser confundido com obras de arte, mas o que têm em comum com os romances realistas é uma capacidade quase milagrosa de nos fazer enxergar o mundo com mais precisão, de ver cada espiral da impressão digital como realmente é. Eles não nos dão prescrições simples, mas algo com quase a mesma importância: a *prática*.

Pode ser bastante sensato administrar uma decisão com base em sua semelhança com uma antiga encruzilhada, seja ela oriunda de experiência pessoal, de anedotas de amigos ou colegas, ou de estudos clínicos. Mas também é sensato observar todas as maneiras pelas quais a decisão se diferencia daquelas do passado — apreciar suas particularidades. A hipótese deste livro é que essa forma de enxergar as coisas pode ser ensinada.

1

MAPEAR

Se tivéssemos uma visão e uma percepção acuradas de toda a vida humana ordinária, seria como ouvir a grama crescer ou o coração do esquilo bater, e morreríamos daquele fragor que há no outro lado do silêncio. Tal como é, o mais rápido de nós vai a chapinhar como pode, atolado na ignorância.

GEORGE ELIOT, *MIDDLEMARCH*

Muito antes de o Brooklyn se tornar uma das regiões urbanas mais populosas do país — quando ainda era um modesto vilarejo localizado em um penhasco com vista para a próspera cidade portuária de Nova York —, uma extensa cordilheira de matas densas cortava as atuais fronteiras do distrito, estendendo-se do atual Greenwood Cemetery, passando pelo Prospect Park, até chegar a Cypress Hill. Os habitantes lhe deram um nome que parece ter saído diretamente dos livros de Tolkien: Heights of Gowan, ou as colinas de Gowan.

Em termos de formação geológica, as colinas não tinham nada de extraordinário. O pico mais alto ficava a apenas 60 metros de

VISIONÁRIOS

altura das planícies formadas pela ação das geleiras e das poças de maré de Long Island. Porém, no verão de 1776, elas foram parar no centro da história mundial. Poucos meses antes, os britânicos haviam sofrido uma humilhante recuada em Boston. A conquista de Nova York, o centro comercial das colônias e a porta de entrada para o poderoso Hudson (à época conhecido como North River), era o contra-ataque evidente, dado o domínio da potência marítima britânica.

Situada na ponta de uma ilha que dava de frente para uma vasta baía, Nova York era um alvo fácil para a armada do rei. O problema seria manter controle da cidade. A partir dos penhascos fortificados do atual Brooklyn Heights, em Long Island, o centro de Nova York poderia ser bombardeado continuamente. "Se o inimigo tomar Nova York enquanto nós guardamos Long Island, descobrirão ser quase impossível sobreviver", escreveu o general norte-americano Charles Lee. Para manter a cidade sem grandes baixas, o comandante britânico William Howe precisaria conquistar o Brooklyn. E o Brooklyn era protegido pelas colinas de Gowan. Não foi a topografia que criou essa barricada natural, mas a densa copa da floresta temperada ao leste que cobria a cordilheira, com nogueiras, carvalhos imponentes e matagal denso. Um exército não poderia contar com a possibilidade de transportar um grande número de homens e equipamentos em meio a um ambiente desse tipo, e, além disso, se a batalha chegasse à floresta, as forças revolucionárias teriam a vantagem.

No entanto, as colinas não eram uma barricada perfeita. Quatro caminhos cruzavam a floresta de norte a sul: Gowanus, Flatbush, Bedford e um pequeno desfiladeiro conhecido como Jamaica Pass. Se os britânicos optassem por não fazer um ataque direto ao Brooklyn ou a Manhattan pela água, provavelmente teriam que mover suas tropas por esses caminhos estreitos.

MAPEAR

No início de junho, a partir do momento em que se espalhou a notícia de que os navios britânicos haviam deixado Halifax em direção ao sul, ficou claro para todos que eles tentariam tomar Nova York. A questão era como procederiam. Esse foi o ponto crucial da decisão que se impôs diante de George Washington no longo e tranquilo verão de 1776, enquanto uma imponente armada — os "quatrocentos navios no porto de Nova York", que aparecem nos minutos iniciais do musical *Hamilton* — ancorava no litoral de Staten Island. Deveria defender Manhattan ou Brooklyn? Ou, quem sabe, será que deveria admitir que Nova York estava além de qualquer defesa, uma causa perdida, e então levar a luta para um terreno mais promissor?

George Washington estava diante de um clássico exemplo de decisão de espectro completo, que exigia pensar simultaneamente em várias escalas diferentes de experiência. Para tomar a decisão certa, Washington teve que considerar a topografia do território, todas aquelas cordilheiras, praias e penhascos; teve que considerar as correntezas imprevisíveis do East River, que poderiam devastar qualquer tentativa de mover rapidamente as tropas entre Nova York e o Brooklyn; teve que considerar a física da guerra — os canhões dos navios de guerra britânicos e a durabilidade das defesas que ele havia estabelecido ao longo do litoral da cidade —; teve que considerar o moral de suas tropas e as diretrizes enviadas pelo Congresso Continental da Filadélfia de que ele não entregasse uma cidade e um porto tão valiosos. A decisão também apresentava uma dimensão ética: diante de um inimigo tão imponente, era certo enviar tantas vidas jovens a uma batalha que provavelmente perderiam?

Washington tinha muitas variáveis a considerar, mas ainda havia outro fator: o tempo. A partir do momento em que os britânicos abandonaram Boston, Washington vinha lutando com a questão da

VISIONÁRIOS

defesa de Nova York. Ele havia chegado e estabelecido residência no número 1 da Broadway, na pontinha da ilha, no início de abril. Com o conselho do general Lee e do brilhante general Nathanael Greene, vinha monitorando e dirigindo a fortificação de Nova York e do Brooklyn por meses antes da chegada da armada britânica. Quando o general Howe finalmente ordenou que seus homens atacassem Nova York no fim de agosto, Washington tivera quase meio ano para decidir a melhor estratégia de defesa da cidade.

Quando, por fim, Washington tomou sua decisão, esta viria a ser a mais catastrófica de toda a sua carreira.

O PONTO CEGO

Parte do que as escolhas épicas da literatura e da história têm a nos ensinar está nas lições das decisões fracassadas, nos erros com os quais podemos aprender, por apontarem para alguma característica incômoda da mente humana que nos sabota ou para alguma falha de nosso ambiente que direciona nossas escolhas para o caminho errado.

No verão de 1776, o erro inicial de Washington foi defender Nova York. Era, em todos os sentidos, uma causa perdida. Diante de uma desvantagem numérica de dois para um em relação aos britânicos, além de uma inferioridade em termos de poder marítimo, a jogada inteligente teria sido entregar a cidade. "É tão cercada de águas profundas e navegáveis que logicamente quem comanda o mar assumirá também o controle da cidade", escreveu Lee para Washington. Mas Washington parecia incapaz de cogitar a possibilidade de abrir mão de um bem tão valioso assim logo de saída.

Após se comprometer com a defesa da cidade, Washington cometeu uma série de erros táticos cruciais ao mobilizar suas

MAPEAR

tropas. Relutante em apostar com firmeza se Howe atacaria a ilha de Manhattan ou se tentaria tomar Long Island primeiro, Washington dividiu o exército entre os dois lugares. Mesmo no fim de agosto, quando chegou a notícia de que as tropas britânicas haviam desembarcado em Gravesend Bay, perto da atual Coney Island, Washington se apegou à ideia de que o desembarque em Long Island era uma mera isca e de que o verdadeiro plano de Howe ainda poderia ser uma ofensiva direta contra Manhattan.

Washington chegou a enviar regimentos adicionais para proteger os caminhos que atravessavam as colinas de Gowan — em Bedford, Flatbush e Gowanus. Essas rotas eram tão estreitas e bem protegidas que qualquer tentativa de enfileirar as tropas britânicas resultaria em grandes perdas para Howe. Mas Howe não estava de olho nos caminhos mais diretos ao Brooklyn. Em vez disso, mandou a maioria de suas tropas até o ponto mais distante das colinas, o Jamaica Pass, numa das maiores manobras de flanco da história militar. Ao fazê-lo, explorou com resultados letais o erro mais atroz de toda a carreira de Washington. Embora ele tivesse enviado milhares de soldados para proteger as outras três rotas, apenas cinco sentinelas foram plantados perto de um estabelecimento solitário chamado The Rising Sun Tavern, na entrada do Jamaica Pass. Os cinco homens foram capturados sem que um único tiro fosse disparado.

Uma vez que Howe avançou com seus homens pelo desfiladeiro rochoso, ele foi capaz de fazer um ataque surpresa às tropas rebeldes pela retaguarda. Apesar de a Batalha do Brooklyn ter durado mais 72 horas, ela efetivamente acabou no momento em que Howe atravessou o Jamaica Pass. Em duas semanas, Nova York pertencia aos britânicos, embora Washington tenha se destacado ao planejar uma evacuação noturna de todas as suas forças terrestres do Brooklyn — protegidas por uma densa névoa que

VISIONÁRIOS

havia encoberto o porto —, ação que conseguiu manter a maior parte do exército intacta para as batalhas subsequentes da Guerra de Independência. Esta é a grande ironia da Batalha do Brooklyn: a decisão mais astuta de Washington não veio da defesa de Nova York, mas da rápida convicção em desistir.

No fim, as decisões de Washington foram tão falhas que o lado norte-americano nunca se recuperou de verdade delas, tanto é que Nova York permaneceu sob controle britânico até o fim da guerra. Mas, é claro, o lado de Washington acabou vencendo os britânicos, e, embora ele jamais tenha se tornado um estrategista militar brilhante, nenhuma de suas decisões posteriores foi tão imperfeita quanto sua tentativa fracassada de manter a ilha de Manhattan. Por que seus poderes decisórios deixaram tanto a desejar na Batalha do Brooklyn?

Quando inicialmente decidiu defender a cidade, Washington parece ter sofrido de um famoso traço psicológico conhecido como aversão à perda. Como inúmeros estudos já mostraram, os seres humanos estão mais preparados para resistir às perdas do que para buscar ganhos. Parece haver algo em nossa mentalidade inata que se recusa a abrir mão de algo que possuímos, por mais que a longo prazo isso seja mais vantajoso. O desejo de manter Manhattan pode ter levado Washington a cometer um dos erros mais básicos de tática militar: ao deixar uma parte significativa de suas tropas em Manhattan, ele garantiu que os britânicos encontrassem uma força muito reduzida no Brooklyn. Sua única esperança real teria sido redobrar a defensiva no Brooklyn, mas, incapaz de admitir a ideia de deixar a joia da coroa desprotegida, Washington confiou em sua aposta.

O verdadeiro mistério é por que ele deixou o Jamaica Pass tão indefeso. Por que se dar ao trabalho de fortificar as rotas que levavam ao Brooklyn, mas deixar uma delas escancarada?

MAPEAR

A resposta basicamente começa com um vírus: muitas semanas antes do ataque britânico, o general Greene havia sucumbido ao tifo epidêmico que assolava as tropas norte-americanas e, em 20 de agosto, piorado a tal ponto que precisou ser evacuado para a zona rural ao norte da cidade. Foi Greene quem fez a defesa mais acalorada de que os britânicos tentariam uma ofensiva total contra Long Island — e, mais importante, era Greene quem detinha o conhecimento mais detalhado da geografia de Long Island. Se ele estivesse ao lado de Washington quando ficou claro que os homens de Howe seguiam em direção ao Brooklyn, teria sido impossível o Jamaica Pass ter permanecido tão vulnerável.

Com Greene de cama e afastado do círculo íntimo de Washington, a capacidade do líder de perceber as condições do terreno em Long Island ficou comprometida. Esse é um tema recorrente quando se trata de decisões complexas: ao tentarmos compreender um problema em que diversas variáveis interagem, muitas vezes é impossível que detectemos diretamente todos os elementos relevantes. Assim, nossa decisão é feita com a contribuição de representantes e tradutores, mentes especializadas que nos informam sua análise da situação. Parte do processo de tomar a decisão correta envolve aprender a interpretar todos esses diferentes dados. No entanto, é igualmente importante reconhecer os furos em sua rede, os tradutores duvidosos. O Exército norte-americano foi pego de surpresa pelo ataque britânico, mas só porque o próprio Washington parece ter fechado os olhos para a perda de inteligência que sofreu quando Greene deixou seu conselho de guerra. Não se trata apenas de ter sido incapaz de visualizar a geografia de Long Island com tanta clareza; ele falhou em reconhecer que sua visão havia se tornado deficitária.

VISIONÁRIOS

MAPAS, MODELOS E DIAGRAMAS DE INFLUÊNCIA

Ninguém toma uma decisão difícil sem alguma espécie de mapa mental. Às vezes, são mapas literais. Nos meses seguintes à descoberta do misterioso casarão em Abbottabad, a Agência Nacional de Inteligência Geoespacial começou a traduzir as imagens de satélite do edifício e de seu terreno em um modelo 3D gerado em computador.[1] Por fim, com base nessa análise, eles construíram uma maquete do tamanho de uma mesa de centro, com representações detalhadas dos muros, das janelas e das árvores. (Incluíram até mesmo um carrinho de brinquedo para retratar o jipe branco de al-Kuwaiti.) A maquete provou-se uma ferramenta produtiva no momento de lidar com a questão de quem estava vivendo no imóvel e, no fim, revelou-se essencial para a decisão de como se infiltrar naquele espaço — embora, como veremos, tenha ignorado uma variável-chave, o que quase arruinou a operação.

Às vezes, os mapas são mais metafóricos: em nossa mente, construímos um modelo da situação que enfrentamos e todas as suas pressões singelas. Muitas vezes, é um pouco dos dois. A decisão do júri em um julgamento de assassinato pode envolver um mapa físico da cena do crime e um mapa metafórico de todas as outras provas a serem levadas em conta. A decisão de lançar um novo produto poderia incluir um mapa de todas as regiões nas quais ele tem potencial de vendas, bem como um mapa metafórico das complexidades envolvidas em sua produção.

Mapear o terreno de uma escolha difícil costuma ser o primeiro passo que damos ao tomar uma decisão. Traçamos um gráfico dos participantes que estarão envolvidos na decisão e suas consequências — no caso de Washington, as forças militares rivais dos exércitos britânico e revolucionário. Criamos modelos das forças físicas ou situacionais que moldam as interações entre os participantes: a

MAPEAR

topografia de Long Island e Manhattan, o tempo, o alcance dos canhões no Fort Clinton. Fazemos um balanço dos estados mentais ou emocionais que provavelmente moldarão o comportamento das peças-chave: a piora do moral das tropas norte-americanas, mal remuneradas e mal preparadas, o desejo do general Howe de fazer um ataque surpresa. No caso das escolhas difíceis, esses mapas devem ser, quase por definição, de espectro completo. A escolha de Washington exigia que ele levasse em conta o aspecto psicológico individual de Howe, o estado emocional coletivo de seus homens, a capacidade tecnológica de seu arsenal, a crescente ameaça do tifo epidêmico que acometeu Nathanael Greene, a ordem para proteger Nova York que ele recebeu do Congresso Continental, as pressões financeiras de uma força militar sem nenhum poder soberano rico o suficiente para financiá-la, e o conjunto mais amplo de correntes históricas do conflito entre as ex-colônias e a própria Inglaterra.

A escolha de Washington na Batalha do Brooklyn teve um impacto que a maioria das decisões de grupo raramente tem: havia milhares de vidas em jogo, sem contar a vida precária de uma nova nação. Mas o mapa mental que ele precisou montar não era muito diferente do tipo de mapa que nós elaboramos na cabeça quando nos vemos diante de decisões mais mundanas. Ambos tentam modelar sistemas multifatoriais ao longo de todo o espectro da experiência, que vai desde a vida emocional íntima de nossos colegas até a geografia da comunidade que nos cerca, e de nossas posições políticas e crenças religiosas até as realidades mundanas das limitações ou oportunidades financeiras. Assim como em qualquer forma de navegação, a melhor maneira de iniciar a jornada de uma escolha difícil é ter um bom mapa como guia. Mas mapear não é a mesma coisa que decidir. No fim das contas, o que o mapa deve revelar é um conjunto de caminhos possíveis, dadas as variáveis em jogo no sistema geral. Descobrir *qual* caminho seguir exige outras ferramentas.

VISIONÁRIOS

Nesse sentido, o mapeamento é o estágio do processo decisório em que a divergência e a diversidade são essenciais. Nessa fase, não estamos em busca de consenso; visamos ampliar o leque de possibilidades (e, em última análise, as vias de decisão). A dificuldade do mapeamento consiste em poder ver a situação que nos é apresentada de fora, sem nos limitarmos pela nossa intuição. A mente tem uma tendência natural às interpretações de banda estreita, comprimindo todo o espectro de opções numa fatia dominante. Por vezes, os cientistas cognitivos chamam isso de "efeito de ancoragem". Diante de uma decisão que envolve múltiplas variáveis independentes, as pessoas tendem a escolher uma variável "âncora" e agir com base nesse elemento. As âncoras variam de acordo com os valores que trazemos para a decisão: nos corredores de um mercado, alguns consumidores se ancoram no preço; outros, em marcas conhecidas; outros, no valor nutricional; outros, no impacto ambiental. Comprimir o espectro é uma estratégia perfeita para um mundo abundante em microescolhas. Não se trata de construir um mapa complexo e de espectro completo para cada item que compramos no supermercado. Mas faz sentido expandirmos nossa perspectiva para decisões cujas consequências podem reverberar por anos.

Os teóricos da decisão desenvolveram uma ferramenta para esboçar esses tipos de decisões de espectro completo: *diagramas de influência*. Elaborar o diagrama de uma escolha difícil pode ajudar a visualizar a verdadeira complexidade da questão. Os diagramas de influência são amplamente utilizados em estudos de impacto ambiental, justamente o tipo de análise que tanto fez falta na decisão de aterrar o Collect Pond. Eles ilustram a cadeia de efeitos — às vezes chamada de vias de impacto — que inevitavelmente acompanha um dilema.

Imagine que um grupo de gestores ambientais fez uma viagem no tempo à Manhattan dos idos de 1800 e esboçou um diagrama de influência do dilema que a cidade enfrentava em seu debate

MAPEAR

sobre o futuro do Collect Pond. Uma versão simples seria mais ou menos assim:

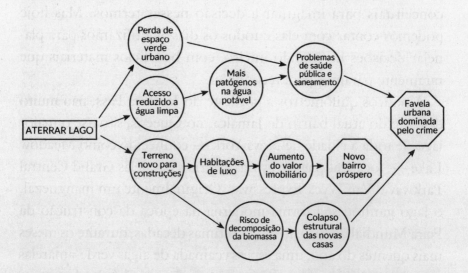

Observe como até mesmo um diagrama simples como esse ilustra as conexões que unem uma ampla variedade de fatores: de microrganismos a mercados imobiliários, de surtos de doenças a falhas estruturais em construções. Sem uma visão clara dos potenciais efeitos da decisão de aterrar o lago, pode parecer uma escolha óbvia entre princípios conflitantes: pró-natureza *versus* pró-desenvolvimento econômico. Podemos ter um belo parque com água limpa e flora e fauna silvestres para desfrutar de um oásis natural no meio de uma cidade agitada, ou podemos aterrar o lago e criar novas habitações para a crescente população local, gerando lucro para os agentes imobiliários. Mas as vias de impacto quase nunca seguem uma linha reta. A destruição do Collect Pond para a construção de novas moradias talvez resultasse em um boom econômico de curto prazo, contudo, a longo prazo, a criação de um parque talvez atraísse mais investimentos, como o preço de um apartamento em Central Park West é capaz de provar.

VISIONÁRIOS

Ninguém se deu ao trabalho de traçar um diagrama de influência antes que a cidade aterrasse o Collect Pond porque simplesmente não dispúnhamos, dois séculos atrás, das ferramentas conceituais para imaginar a decisão nesses termos. Mas hoje podemos contar com elas e todos os dias as utilizamos para planejar decisões no mundo inteiro, com benefícios materiais que raramente paramos para reconhecer.

A poucos quilômetros a nordeste do Jamaica Pass, não muito distante do atual bairro de Jamaica, no Queens, situa-se o maior lago de toda a cidade de Nova York — conhecido como Meadow Lake —, localizado entre as vias arteriais paralelas Grand Central Parkway e Van Wyck Expressway. Originalmente um manguezal, o lago ganhou sua forma moderna na época da construção da Feira Mundial de 1939, mas, nas últimas décadas, durante os meses mais quentes do ano, uma espessa camada de algas verde-amarelas passou a cobrir sua superfície, esgotando o oxigênio da água e colocando em risco a saúde tanto dos peixes quanto das pessoas que entram em contato com ela. Em 2014, inspirado pelo sucesso da revitalização dos rios que circundam a ilha de Manhattan, um grupo de agências municipais e estaduais decidiu voltar a atenção para os lagos da cidade. A restauração do Meadow Lake a condições saudáveis tanto para a fauna e a flora quanto para a recreação humana forçou os responsáveis a traçarem as vias de impacto que causaram a proliferação das algas, além de contemplar os possíveis efeitos de fazer mudanças nessas vias. Eles descobriram que um regulamento de 1992 da Agência de Proteção Ambiental dos Estados Unidos havia forçado o município a incluir fosfato na água potável, numa tentativa de reduzir os níveis de chumbo no abastecimento de água da cidade — que também alimentava o Meadow Lake. O fosfato funcionou como um nutriente-chave para a proliferação de algas na superfície do lago. O escoamento das águas pluviais vindas das rodovias próximas levou também nitrogênio ao lago, acelerando a reprodução. Até mesmo o carvão dos churrascos na vizinhança dava um jeito de chegar à água.

A cidade decidiu filtrar os nutrientes que sustentavam as algas, o que reverteu parte do lago à sua forma original, com plantas aquáticas revestindo a margem leste e servindo como um sistema de filtragem natural que remove o fosfato e o nitrogênio antes que possam abastecer o supercrescimento das algas. (A cidade também construiu uma "drenagem sustentável" integrada à paisagem, que recolhe o escoamento das rodovias antes que chegue ao lago.) O resultado foi um hábitat transformado tanto para os frequentadores que fazem uso recreativo do lago quanto para os peixes que vivem ali e antes careciam de oxigênio. Há poucos anos, inaugurou-se uma nova franquia de aluguel de barcos na margem norte do lago, e hoje vemos nova-iorquinos andando de caiaque e curtindo passeios de pedalinho nas águas cristalinas durante todo o verão.

A restauração do Meadow Lake exigiu um mapa de espectro completo para decifrar o problema e decidir um caminho para resolvê-lo. Isso forçou os gestores ambientais a pensar nas moléculas individuais de nitrogênio e fosfato, nos ciclos de nutrientes das algas, na necessidade de oxigênio dos peixes que nadam no lago, nas vias expressas e na poluição causada por pessoas que gostam de usar a churrasqueira em um fim de semana de verão. Era um mapa complicado, mas não impossível. E era o tipo de mapa que teria sido impensável poucas décadas atrás.

Obviamente, Robert Moses não estava pensando nas algas verde-amarelas nem no escoamento de nitrogênio quando construiu a Grand Central Parkway e a Van Wyck. Hoje em dia, nós *podemos* elaborar mapas com essa sensibilidade de espectro completo ao sistema que estamos alterando. É provável que quem ande de

VISIONÁRIOS

caiaque pelo Meadow Lake não esteja ciente desse avanço; apenas percebem que a água parece muito mais limpa do que há poucos anos atrás. No entanto, por trás dessa transformação, temos um avanço muito mais significativo em nossa capacidade de tomar decisões estratégicas e de longo prazo quando o assunto é planejamento ambiental. Tomamos decisões melhores porque somos capazes de enxergar por um espectro muito mais amplo.

DIVERSIDADE

Cada decisão com visão de futuro tem seu próprio mapa, é claro, e a arte de fazer tais escolhas com o máximo de sabedoria possível não consiste em forçar o mapa a se encaixar em um modelo existente, mas em desenvolver a visão apurada necessária para visualizar a situação como de fato é. E a melhor forma de desenvolver essa visão é olhar o problema com novos olhos.

Há alguns anos, o órgão responsável pela gestão dos recursos hídricos na região metropolitana de Vancouver se viu diante de uma decisão não muito diferente daquela que os cidadãos de Nova York enfrentaram há duzentos anos em relação ao destino do Collect Pond. Com o crescimento populacional urbano, as fontes de água potável existentes na região não dariam conta da demanda nos anos seguintes. Seria preciso explorar novas fontes, e isso impactaria no meio ambiente, no comércio e nas comunidades locais. A localização da cidade na chuvosa região do Noroeste Pacífico lhe conferiu o luxo de ter muitas opções possíveis: três reservatórios poderiam ser expandidos, novos aquedutos poderiam ser construídos numa série de lagos distantes, ou poços para captação de água poderiam ser cavados ao longo de um rio de alto fluxo.

Assim como aterrar ou preservar o Collect Pond, as consequências dessa decisão provavelmente persistiriam por mais de

MAPEAR

um século. (A água do rio Capilano, por exemplo, começou a ser distribuída para uso e consumo dos residentes de Vancouver no fim dos anos 1800 e continua a ser uma grande fonte de abastecimento para a cidade.) Mas a decisão teve início com uma séria tentativa de modelar todas as variáveis importantes a partir de uma perspectiva de espectro completo. Para isso, consultou-se um grande número de setores interessados, e cada um contribuiu com uma perspectiva diferente sobre o problema: moradores que viviam perto de alguma das fontes de água em questão; povos indígenas com vínculos sagrados à terra; ambientalistas; vigilantes sanitários; e até mesmo cidadãos locais que utilizavam os diversos corpos d'água para navegar, pescar ou praticar outros esportes aquáticos. As partes interessadas avaliaram o impacto de capa opção numa ampla gama de variáveis: "Hábitat aquático, hábitat terrestre, qualidade do ar, qualidade da paisagem, emprego, lazer, trânsito, ruídos e valores imobiliários."[2]

A abordagem adotada pelo órgão responsável pelos recursos hídricos de Vancouver tornou-se corriqueira em diversas deliberações importantes sobre o uso da terra e o planejamento ambiental. As técnicas utilizadas para reunir essas diferentes vozes variam de acordo com as metodologias escolhidas pelos organizadores (ou os consultores contratados para auxiliar na execução do processo). Mas elas têm um ponto central em comum: reconhecem que mapear uma decisão tão complexa quanto encontrar novas fontes de água potável para um centro metropolitano exige uma rede de perspectivas diversas para gerar algo que se assemelhe a um mapa preciso do problema. O termo mais comum para esse tipo de deliberação colaborativa é *charrette*. A palavra deriva do vocábulo francês para "carroça"; ao que parece, no século XIX, estudantes de arquitetura da École des Beaux-Arts depositavam suas maquetes e seus desenhos numa pequena carroça que passava para coletar os trabalhos dos alunos à medida que o prazo de entrega de um projeto se aproximava. Dizia-se que os alunos que faziam ajustes de última hora nos projetos estavam trabalhando *en charrette* — dando os toques finais conforme a carroça fazia rondas. Em sua acepção moderna, porém, a *design charrette* não se refere a uma sessão de estudos de última hora, mas a um processo aberto e deliberativo em que diferentes partes interessadas são convidadas a opinar sobre um plano existente ou sugerir novas ideias possíveis para o espaço ou o recurso em questão. A *charrette* dificulta a avaliação de uma decisão complexa puramente por uma perspectiva de banda estreita de um único grupo empresarial ou uma agência governamental.

As *charrettes* diferem do método mais tradicional das reuniões de conselho comunitário porque costumam assumir a forma de uma série de reuniões em pequenos grupos, não um grande encontro. Manter os grupos separados reduz as chances de conflito aberto entre grupos que têm princípios opostos, é claro, mas também gera um fluxo mais diversificado de ideias e análises a longo prazo. "Para obter as informações mais úteis de múltiplas fontes de evidências", aconselha Daniel Kahneman, "é preciso sempre tentar fazer com que essas fontes sejam independentes umas das outras. Essa regra faz parte de todo bom inquérito policial. Quando há muitas testemunhas de um evento, elas não podem discuti-lo antes de prestar depoimento. O objetivo é, além de evitar o conluio de testemunhas hostis, prevenir que testemunhas imparciais influenciem umas às outras".[3] Nas situações em que não é possível formar pequenos grupos, Kahneman sugere outra técnica para preservar toda a gama de ideias possíveis: "Antes de debater uma questão, todos os membros do comitê devem escrever um breve resumo de seus posicionamentos. Esse processo aproveita o valor da diversidade de conhecimentos e opiniões do grupo. A prática

MAPEAR

padrão de discussão aberta dá muito peso à opinião daqueles que falam primeiro e de forma assertiva, fazendo com que os outros se alinhem com eles."

Na verdade, as aplicações práticas da tomada de decisões em "grupo" às vezes podem ser proveitosamente subdivididas numa série de consultas individuais. Como o jurista Cass Sunstein e outros observaram, os grupos costumam dispor de uma rica mistura de informações particulares a cada membro, mas, na prática, quando se reúnem pessoalmente, tendem a se concentrar nas informações *compartilhadas*.[4] Como Sunstein escreve:

> Alguns membros de um grupo ocupam o seu *centro cognitivo*, no sentido de que muitos outros pares compartilham do conhecimento pessoal deles. Aquilo que os membros centrais sabem os outros também sabem. Esse membro é, portanto, definido como alguém que tem informações em comum com todos ou com a maioria dos colegas. Em contrapartida, os outros membros do grupo ocupam a *periferia cognitiva*: o conhecimento que eles detêm pertence somente a eles. Suas informações não são da ciência de mais ninguém e podem ser muito importantes. Por essa exata razão, os grupos funcionais precisam aproveitar as pessoas periféricas. Esses indivíduos são cruciais. Mas, na maioria dos grupos, pessoas do centro cognitivo exercem uma influência desproporcional nas discussões e são mais participativas em deliberações coletivas. Por outro lado, as da periferia cognitiva acabam influenciando pouco e participando menos, muitas vezes para prejuízo do grupo.[5]

Existe um clima de entrosamento nos encontros cara a cara que parece provocar um impulso quase inconsciente nos seres humanos de discutir elementos que costumam ser de conhecimento geral do

VISIONÁRIOS

grupo, seja porque os indivíduos gostam da sensação de consenso, seja porque temem ser vistos como deslocados caso revelem informações alheias à maioria dos outros membros. Se não projetarmos o processo decisório para que essas informações importantes sejam generalizadas — o termo técnico para essas informações não compartilhadas, cunhado pelos psicólogos Garold Stasser e William Titus, é "perfil oculto" —, o principal benefício de consultar uma ampla gama de pessoas se perderá. No estágio divergente de uma decisão, em que tentamos montar o mapa de espectro completo da situação, a melhor abordagem pode ser uma sequência de entrevistas individuais, não uma reunião de equipe. Nessas conversas individuais, o poder dos membros centrais desaparece; as pessoas simplesmente sabem o que sabem e, portanto, são mais propensas a compartilhar aquela valiosa informação desconhecida para o restante do grupo.

Quer o mapa seja criado por meio de uma série de sessões de pequenos grupos ou por meio de entrevistas individuais, o fator mais importante é a *diversidade* de perspectivas que o grupo reúne. O simples ato de diversificá-lo claramente aperfeiçoa suas habilidades de tomada de decisões. O poder da diversidade é tal que parece se aplicar mesmo quando as diversas perspectivas acrescentadas ao grupo não oferecem nenhuma expertise relevante para o caso em questão. Quando a agência de água de Vancouver montou uma rede de interessados para chegar a uma decisão sobre novas fontes de água potável, foi louvável a atitude de integrar feedbacks de partes distintas, como entusiastas de esportes aquáticos e povos indígenas. Mas eles também teriam sido capazes de melhorar o processo decisório apenas aceitando feedbacks de pessoas aleatórias que não têm nenhuma conexão com a cidade — contanto que as vivências e os conhecimentos dos recém-chegados fossem significativamente diferentes daqueles das partes interessadas originais. A simples *presença* da diversidade parece ter um impacto.

MAPEAR

A relação entre diversidade e aumento do QI coletivo de um grupo foi demonstrada em centenas de experimentos ao longo das últimas décadas. O cientista social Scott E. Page refere-se a esse fenômeno como teoria da diversidade acima da capacidade para a tomada de decisões em grupo. Mas a explicação de por que a presença de diversos pontos de vista melhora nosso julgamento é mais complicada do que parece. A suposição convencional era que os recém-chegados a um grupo previamente homogêneo aprimoravam a inteligência coletiva ao trazer novas ideias ou novos valores à discussão, e, de fato, em alguns casos, esse tipo de perspectiva externa aprimorava o intelecto geral do grupo. No entanto, alguns estudos mostraram que a inclusão de "forasteiros" a um grupo homogêneo também ajuda os "de casa" a ter insights mais originais e ricos por conta própria.

Muitos desses estudos giram em torno de versões simuladas de uma das decisões públicas mais importantes que qualquer um de nós pode tomar: o veredito do júri. Há cerca de uma década, o psicólogo social Samuel Sommers conduziu uma série de júris simulados nos quais um grupo debatia e avaliava as provas de um caso de assédio sexual. Alguns dos júris eram inteiramente brancos, enquanto outros tinham mais diversidade racial. Segundo a maioria dos indicadores principais, os júris mistos se saíram melhor em sua função: levaram em conta mais interpretações possíveis das provas, lembraram-se com mais precisão de informações sobre o caso e se engajaram no processo de deliberação com mais rigor e persistência. Os grupos homogêneos — sejam eles unidos por etnia, gênero ou uma visão de mundo, como a política — tendem a tomar decisões apressadas: estabelecem de saída o cenário mais provável e não gastam energia questionando suas suposições, uma vez que todos os presentes parecem concordar com a ideia geral

VISIONÁRIOS

da interpretação. Mas Sommers descobriu que a simples presença de pessoas não brancas no recinto já fazia os jurados brancos pensarem mais e ficarem mais abertos a outras possibilidades. A simples ideia de haver perspectivas diversas no ambiente ajudou o grupo a elaborar mapas mais precisos.[6]

Podemos aumentar a diversidade de um grupo sem trazer outsiders: basta designar "papéis de especialista" para cada participante em função dos conhecimentos que acrescentam ao debate. Nos anos 1990, uma equipe de psicólogos da Universidade de Miami conduziu seu próprio experimento policial organizando estudantes universitários em trios para participar de uma série de investigações simuladas sobre um crime. Os grupos de controle do experimento recebiam todas as pistas relevantes para identificar corretamente o criminoso. Nessas decisões de grupo, não havia informações ocultas. Cada indivíduo tinha acesso a todas as informações necessárias para solucionar o caso. Como era de se esperar, essas equipes revelaram detetives de sucesso, que identificaram o suspeito correto em 70% dos casos. Nos outros grupos, perfis ocultos foram introduzidos: cada membro da equipe detinha informações não compartilhadas sobre um dos possíveis suspeitos, informações desconhecidas pelos demais membros. Quando tais grupos deliberavam sem uma orientação a respeito de seus papéis na investigação, suas habilidades detetivescas pioravam drasticamente: eles só identificaram o suspeito correto em um terço dos casos. Mas, quando cada membro da equipe foi informado de que detinha conhecimento exclusivo sobre um dos suspeitos — e que eram, portanto, especialistas tais como Miss Marple ou Professor Plum —, suas habilidades investigativas se aprimoraram a ponto de quase não se distinguirem do grupo de controle, que detinha todas as informações desde o início. Ao definirem a expertise, os cientistas alteraram sutilmente a dinâmica da decisão em grupo: em vez de buscar o consenso do conhecimento compartilhado, os participantes foram motivados a compartilhar sua perspectiva única sobre a escolha.

A introdução de papéis de especialista é uma técnica particularmente eficaz para enfrentar os desafios do pensamento de espectro completo, porque, em muitos casos, os diferentes grupos ou níveis de perspectiva panorâmica correspondem a diferentes áreas de conhecimento. Numa audiência formal, como uma *design charrette* ou a avaliação da água de Vancouver, esses papéis de especialista podem ser relativamente intuitivos: o economista está ali para falar sobre o impacto econômico do desenvolvimento de um reservatório em certa comunidade; o cientista ambiental se apresenta para falar sobre o impacto ambiental. Mas, em deliberações de grupo menos formais, os diferentes tipos de expertise presentes podem facilmente passar despercebidos, aumentando a chance de que os perfis ocultos permaneçam ocultos.

O CONE DA INCERTEZA

Em 2008, a professora de administração Katherine Phillips conduziu um estudo sobre tomada de decisões que substituía o formato de júri simulado por uma estrutura mais parecida com *CSI* do que com *12 homens e uma sentença*. Os participantes deveriam avaliar uma série de entrevistas da investigação de um homicídio e decidir, com base nessa avaliação, qual dos vários suspeitos tinha de fato cometido o crime. Como era de se esperar, a introdução de outsiders fez com que as equipes se aprimorassem como detetives, ficassem mais atentas às pistas e mais dispostas a compartilhar os próprios perfis ocultos. Mas Phillips e sua equipe descobriram algo novo, aparentemente incoerente, que desde então se tornou

VISIONÁRIOS

uma suposição-chave na ciência da tomada de decisões (e, como veremos, da previsão). Embora os grupos mistos formassem detetives melhores — eles identificavam os sujeitos corretos com mais frequência do que seus pares homogêneos —, esses grupos também tinham muito menos *confiança* nas decisões tomadas. Eles eram mais propensos a estar certos e, ao mesmo tempo, mais abertos à ideia de que poderiam estar errados. Isso pode parecer um paradoxo, mas, no fim das contas, existe uma forte correlação entre ser hábil na tomada de decisões e ter disposição para reconhecer — e até mesmo aceitar — a incerteza. Os achados de Phillips remetem ao famoso efeito Dunning-Kruger da psicologia cognitiva, em que indivíduos com baixa capacidade tendem a superestimar suas habilidades. Às vezes, o jeito mais fácil de estar errado é ter a certeza de que se está certo.

Se você leu uma quantidade razoável da literatura popular recente sobre tomada de decisões ou intuição, já conhece bem a história do "bombeiro e o incêndio do porão". O relato surgiu no livro *Sources of Power* [Fontes de poder, em tradução livre], de 1999, escrito pelo psicólogo e pesquisador Gary Klein, mas entrou no imaginário popular alguns anos depois, quando Malcolm Gladwell o incluiu em seu mega-seller *Blink: A decisão num piscar de olhos*. Klein passou muitos anos debruçado sobre o que chamou de "tomada de decisão natural", rompendo com a antiga tradição de estudar as rotinas mentais dos indivíduos por meio de experimentos laboratoriais engenhosos e, em vez disso, observando as pessoas tomarem decisões no mundo real, em particular aquelas em que são pressionadas pelo tempo. Ele passou longos períodos viajando com os bombeiros de Dayton, Ohio, assistindo-os responderem às emergências e perguntando-lhes sobre decisões passadas. Um comandante contou a Klein uma história sobre o que a princípio parecia ser um incêndio relativamente simples numa casa de

MAPEAR

subúrbio de um andar só. Havia relatos de chamas na cozinha, perto dos fundos da casa; então, o comandante levou seus homens àquele cômodo, onde tentaram apagar o fogo. Mas a situação não tardou a contrariar as expectativas do comandante: foi mais difícil extinguir as chamas, e a casa parecia mais quente e mais silenciosa do que o normal em um incêndio daquelas proporções. Em um piscar de olhos, ele ordenou que seus homens deixassem o imóvel. Segundos depois, o chão desabou. Um incêndio muito maior queimava o porão durante todo aquele tempo. Em seu relato original, Klein descreveu o pensamento do comandante da seguinte maneira:

> O padrão não se encaixava. Suas expectativas foram frustradas, e ele se deu conta de que não sabia ao certo o que estava acontecendo. Foi por isso que ordenou que seus homens deixassem a casa. Olhando em retrospecto, os motivos da incongruência eram claros. Como o incêndio estava abaixo dele, e não na cozinha, não foi afetado pelas investidas de sua equipe; o aumento de temperatura foi muito maior do que ele havia esperado, e o chão serviu de defletor para abafar o ruído, resultando em um ambiente quente, mas silencioso.[7]

Para Klein, o misterioso incêndio no porão é uma espécie de parábola que ilustra o poder do que viria a chamar de "tomada de decisão com base no reconhecimento". Após anos de trabalho, o comandante de Dayton havia acumulado conhecimento o suficiente sobre o comportamento dos incêndios para conseguir fazer uma rápida avaliação de uma nova situação, sem ter plena consciência do *motivo* de fazer tal análise. Foi uma decisão instintiva, mas fundamentada em incontáveis horas de combate a incêndios no passado. Agora compare o relato original de Klein com a versão

VISIONÁRIOS

que aparece no livro de Malcolm Gladwell. Nas mãos de Gladwell, a história se torna não só um argumento a favor do surpreendente poder dos julgamentos feitos "num piscar de olhos", como também uma fábula sobre o preço que se paga por pensar demais:

> O computador interno do bombeiro encontrou, de imediato e sem esforço, um padrão no caos. Mas certamente o fato mais impressionante a respeito daquele dia foi o quanto ele chegou perto do desastre. Se o comandante tivesse parado e discutido a situação com seus homens, se tivesse dito a eles "Vamos debater o assunto e tentar entender o que está acontecendo", se tivesse feito, em outras palavras, aquilo que se espera que os líderes façam para solucionar problemas difíceis, ele poderia ter anulado sua capacidade de ter a percepção que salvou a vida de todos.[8]

Gladwell está absolutamente correto ao dizer que realizar uma *charrette* em meio às chamas teria sido uma estratégia desastrosa para combater o incêndio. Quando estamos sob a pressão do tempo, os instintos, baseando-se na experiência, sem dúvida desempenharão um papel vital. *Nossa* preocupação, é claro, são as decisões que, por definição, não envolvem restrições de tempo tão intensas, decisões em que temos o luxo de não ser prisioneiros de nossas avaliações intuitivas, porque nosso tempo de deliberação é de semanas ou meses, não segundos. Mas há ainda uma lição importante para nós na parábola de Klein sobre o incêndio no porão. Perceba as duas maneiras diferentes com que Klein e Gladwell descrevem o momento decisivo na cozinha. No relato de Klein, o momento decisivo acontece quando o chefe dos bombeiros "se deu conta de que não sabia ao certo o que estava acontecendo". Mas, na versão de Gladwell, o momento assume um aspecto diferente: "O bombeiro [...] logo encontrou um padrão em meio ao caos." No

MAPEAR

relato original de Klein, o bombeiro *não* diagnostica corretamente a situação e *não* descobre uma estratégia brilhante para combater o incêndio. Em vez disso, foge do problema (como deveria mesmo fazer, dadas as circunstâncias). Nas mãos de Gladwell, o comandante teve uma "percepção que salvou a vida de todos".

Não há como contestar a premissa de que o comandante salvou vidas com suas ações. A questão é se ele teve ou não uma "percepção". Para mim, a parábola do incêndio no porão nos ensina como é importante estarmos cientes de nossos pontos cegos, reconhecermos os elementos de uma situação que *não* entendemos. Os muitos anos de experiência do comandante no combate a incêndios não o prepararam para perceber a verdade oculta do fogo no porão, mas permitiram que ele reconhecesse que estava deixando algo passar. E isso bastou para forçá-lo a se retirar da casa até que compreendesse melhor o que estava acontecendo.

Anos atrás, o ex-secretário de Defesa Donald Rumsfeld foi ridicularizado por falar sobre as "incógnitas conhecidas" da Guerra do Iraque numa coletiva de imprensa, mas o conceito a que se referia é, na verdade, essencial em tomadas de decisões complexas. A sabedoria intervém na elaboração de um mapa mental preciso do sistema que tentamos navegar, mas há também um tipo de sabedoria fundamental para identificar as lacunas no mapa, os locais em que não há clareza, seja porque não temos o conjunto adequado de partes interessadas nos aconselhando (como Washington experimentou com o afastamento de Nathanael Greene), seja porque algum elemento da situação é desconhecido.

Situações complexas podem apresentar tipos bem diferentes de incerteza. Há muitos anos, os acadêmicos Helen Regan, Mark Colyvan e Mark Burgman publicaram um artigo que tentava classificar todas as variantes de incerteza que um projeto de planejamento ambiental, como a análise da agência de água de

VISIONÁRIOS

Vancouver ou o aterramento do Collect Pond, pode enfrentar. Eles propuseram 13 tipos diferentes: erro de medição, erro sistemático, variação natural, casualidade inerente, incerteza modelar, julgamento subjetivo, incerteza linguística, imprecisão numérica, imprecisão não numérica, dependência de contexto, ambiguidade, indeterminação em termos teóricos e baixa especificidade.[9] Para os leigos, porém, a incerteza pode assumir três formas principais, cada uma com diferentes desafios e oportunidades. Seguindo o raciocínio de Donald Rumsfeld, podemos pensar nelas como incógnitas conhecidas, incógnitas inacessíveis e incógnitas desconhecidas. Existem incertezas que nascem de alguma falha em nossa tentativa de mapear a situação, falhas que podem ser remediadas com a elaboração de mapas melhores. O conhecimento insuficiente que Washington tinha da geografia de Long Island se enquadra nessa categoria; se fosse possível consultar Nathanael Greene nos dias anteriores ao ataque britânico, Washington muito provavelmente teria um mapa mais claro das potenciais rotas que Howe poderia seguir. Há incertezas que envolvem informações que existem, mas, por algum motivo, nos são inacessíveis. Para Washington e seus subordinados, era óbvio que o general Howe planejava algum tipo de ataque a Nova York, mas os planos específicos que ele estava considerando eram inacessíveis para os norte-americanos, partindo do princípio de que não tinham espiões infiltrados nas forças britânicas. E, por fim, há incertezas que resultam das imprevisibilidades inerentes ao sistema em análise. Por mais que Washington tivesse reunido a melhor equipe de conselheiros do mundo, ele não seria capaz de prever, com mais de 24 horas de antecedência, a névoa estranha que se formou na manhã em que abandonou o Brooklyn, dado o estado rudimentar da arte da previsão do tempo em 1776.

Ser capaz de reconhecer e separar essas diferentes formas de incerteza é um passo essencial na elaboração de um mapa preciso

72

MAPEAR

de uma escolha difícil. Todos nós sofremos de uma tendência a supervalorizar a importância das variáveis de um determinado sistema que de fato entendemos e a subestimar os elementos que nos são obscuros, por qualquer que seja o motivo. É a velha piada do bêbado que procura as chaves debaixo de um poste, longe de onde as perdeu, porque "aqui tem mais luz". Para as incógnitas conhecidas, a melhor estratégia é ampliar e diversificar a equipe de conselheiros e partes interessadas, localizar seu general Greene e obter um mapa mais preciso do terreno ou construir uma maquete do casarão com base em imagens de satélite. Mas também é crucial ter em vista os pontos cegos persistentes — os locais em que as incertezas não podem ser reduzidas com mapas melhores ou informantes *in loco*. Os meteorologistas falam sobre o "cone da incerteza" no rastreamento de furacões. Eles mapeiam o caminho que a tempestade tem mais probabilidade de percorrer, mas também priorizam uma gama muito mais ampla de trajetórias possíveis, todas dentro da gama de possibilidades. Essa gama mais ampla é o cone da incerteza, e os centros meteorológicos não medem esforços para lembrar a todos que vivem dentro do cone que devem se precaver, mesmo que estejam fora da rota mais provável. O mapeamento de decisões exige uma vigilância parecida. Não podemos simplesmente nos concentrar nas variáveis com as quais nos sentimos confiantes; é preciso também reconhecer os espaços em branco, as incógnitas conhecidas.

De certa forma, a aceitação da incerteza reflete as técnicas fundamentais do método científico, como Richard Feynman descreve numa famosa passagem de seu livro *The Meaning of It All* [O significado de tudo, em tradução livre]:

> Quando o cientista lhe diz que não sabe a resposta, é um homem ignorante. Quando diz que tem um palpite de como vai funcionar, está incerto quanto a isso. Quando tem

VISIONÁRIOS

certeza de como vai funcionar e lhe diz "É assim que vai funcionar, aposto", ele ainda tem certa dúvida. E, a fim de progredirmos, é de suma importância que reconheçamos essa ignorância e essa dúvida. Como temos a dúvida, propomos então buscar novas direções para novas ideias. O ritmo de desenvolvimento da ciência não é o ritmo em que se fazem observações por si só, mas, muito mais importante, é o ritmo em que se criam novos elementos para serem testados. Se não fôssemos capazes ou não desejássemos buscar novos caminhos, se não tivéssemos dúvidas nem reconhecêssemos a ignorância, não teríamos nenhuma ideia nova.[10]

Uma das chaves do processo decisório que levou à captura de Bin Laden foi o foco implacável nos níveis de incerteza. Em muitos aspectos, esse foco na incerteza foi uma resposta direta ao fiasco das armas de destruição em massa do governo anterior, em que provas circunstanciais levaram os serviços de inteligência a terem uma confiança, que depois se revelou alta demais, na ideia de que Saddam Hussein estava trabalhando ativamente na construção de armas químicas e nucleares. Em quase todas as etapas de decisão no caso Bin Laden — desde a primeira inspeção do casarão até o planejamento final do ataque em si —, solicitou-se especificamente que os analistas classificassem o nível de confiança na avaliação que apresentavam. Em novembro de 2010, houve um consenso entre os analistas de que Bin Laden provavelmente residia no imóvel, mas, quando Leon Panetta fez uma pesquisa entre os analistas e outros oficiais da CIA, os níveis de certeza variavam de 60% a 90%. Não é de surpreender que os analistas menos seguros tenham sido os agentes que haviam participado da investigação das armas de destruição em massa no Iraque e que sabiam por experiência própria como as variáveis desconhecidas podem transformar o que parece ser um caso fácil numa situação muito mais cabeluda.

MAPEAR

Pedir às pessoas que avaliem seu nível de confiança é uma estratégia produtiva em vários sentidos, não só por permitir que os outros ponderem o quanto devem levar a sério as próprias informações, mas porque o simples ato de refletir a respeito de nossas certezas sobre um assunto nos faz pensar no que podemos ter deixado passar. Isso serve como uma espécie de antídoto para a doença muitas vezes fatal do excesso de confiança que assola tantas decisões complexas. O processo decisório que levou à morte de Bin Laden não se limitou a pedir que as pessoas classificassem suas incertezas. Os quadros superiores envolvidos na decisão — de Panetta a John Brennan, consultor de contraterrorismo de Obama — alimentaram a incerteza ao exigir que os analistas desafiassem suas suposições. Nos estágios iniciais da investigação, quando tantas coisas dependiam de al-Kuwaiti ainda ter ligação direta com Bin Laden, os analistas da agência receberam a incumbência de elaborar explicações alternativas para o comportamento suspeito de al-Kuwaiti — cenários plausíveis que *não* o ligassem a Bin Laden. Os analistas sugeriram que ele tivesse deixado a al Qaeda e passado a trabalhar para outra organização criminosa — o narcotráfico, talvez — que pudesse precisar de um QG de segurança máxima. Outros propuseram que ele tivesse roubado dinheiro do grupo terrorista e estivesse usando o imóvel para a própria proteção. Em outro cenário, al-Kuwaiti ainda trabalhava para a al Qaeda, mas o casarão abrigava apenas os parentes de Bin Laden, não o líder terrorista.

Com o passar do tempo, a agência refutou cada uma das explicações alternativas e se convenceu cada vez mais de que o local tinha alguma ligação direta com a al Qaeda. Mas os supervisores continuaram a contestar as hipóteses dos analistas. Como escreve Peter Bergen:

VISIONÁRIOS

Brennan os pressionou para que apresentassem informações que desmentissem a noção de que Bin Laden vivia no casarão de Abbottabad: "Estou cansado de ouvir que tudo o que vocês cogitam confirma sua tese. O que precisamos fazer é procurar as coisas que nos dizem o que há de errado em nossa teoria. Então, o que há de errado nas conclusões de vocês?" Certo dia, os analistas retornaram à Casa Branca e relataram as atualizações do caso, dizendo: "Parece que há um cachorro no imóvel." Denis McDonough, vice-conselheiro de segurança nacional de Obama, lembra-se de ter pensado: "Ah, que pena. Nenhum muçulmano que se preze vai ter um cachorro." Brennan, que passara boa parte de sua carreira no Oriente Médio e falava árabe, observou que Bin Laden, na verdade, tinha cachorros quando morava no Sudão em meados dos anos 1990.[11]

O que começou como uma busca explícita por evidências contraditórias — evidências que poderiam enfraquecer a interpretação em torno da qual o grupo lentamente se unia — acabou, no fim das contas, por fortalecer ainda mais essa interpretação. De todo modo, o exercício nos força a enxergar a situação com mais clareza, a detectar as espirais da impressão digital com mais precisão.

Questionar suposições, buscar evidências contraditórias, classificar níveis de incerteza, todas essas estratégias são úteis na fase de divergência do processo decisório, pois ajudam a expandir o mapa, propor novas explicações e apresentar novas variáveis. Os analistas da CIA estudaram à exaustão as variáveis óbvias que o mistério do casarão apresentava — a planta baixa, a localização geográfica, as informações que entravam e saíam da residência (ou a falta delas) —, mas foi preciso dar um passo além na investigação das incertezas para fazê-los pensar nos animais de estimação da propriedade, que vieram a ser uma pista importante. É claro que,

MAPEAR

se gastarmos tempo demais examinando incertezas, corremos o risco de cair em um limbo de indecisão *à la* Hamlet. Jeff Bezos, CEO da Amazon, é famoso por seguir a "regra dos 70%" ao tomar decisões que envolvem incerteza: em vez de esperar ter total confiança numa escolha — confiança que pode nunca chegar, dada a natureza da racionalidade limitada —, Bezos bate o martelo assim que reduz seu nível de incerteza a 30%. Em vez de aderir ao mito da certeza absoluta, a regra dos 70% reconhece que nossa visão sempre estará um tanto embaçada. Ao ponderarmos as incógnitas conhecidas e os pontos cegos, evitamos as armadilhas de simplesmente confiar em nossos instintos iniciais. Mas, ao mesmo tempo, o limite de 70% nos livra da exigência paralisante de uma clareza perfeita.

No fim de 2010, conforme a investigação sobre os ocupantes do casarão seguia adiante, um segundo processo decisório se abriu, desta vez envolvendo menos interpretação e mais ação. Uma vez estabelecido que havia ao menos uma probabilidade razoável de que Osama bin Laden tivesse sido localizado, o presidente Obama e seus conselheiros precisavam então decidir o que fazer a respeito disso. Essa etapa envolveu muitos dos elementos que foram cruciais para a primeira fase: os níveis de incerteza foram examinados, diversas perspectivas foram aceitas. Mas as explorações divergentes agora procuravam por algo fundamentalmente diferente. Eles não tentavam apenas descobrir pistas outrora ocultas que pudessem explicar o mistério do casarão de Abbottabad. Eles tentavam também descobrir novas opções para chegar ao próprio Bin Laden. Parte da arte de mapear uma decisão complexa consiste em criar um retrato de espectro completo de todas as variáveis que podem influenciar nossa escolha. Mas parte do processo de mapeamento envolve também propor novas escolhas.

VISIONÁRIOS

O CAMINHO DESCONHECIDO

No início dos anos 1980, Paul Nutt, professor da escola de administração da Ohio State University, decidiu catalogar as decisões do mundo real da mesma forma que um botânico catalogaria os vários tipos de vegetação que crescem numa floresta tropical. Os teóricos da decisão discutem as fases do processo decisório há anos: identificar a escolha, avaliar as opções disponíveis, e por aí vai. Nutt quis ver como essas etapas abstratas funcionavam na prática. Em seu estudo inicial, publicado em 1984, ele analisou 78 decisões diferentes, tomadas pela diretoria de uma série de organizações públicas e privadas nos Estados Unidos e no Canadá: seguradoras, agências governamentais, hospitais, empresas de consultoria. Nutt conduziu extensas entrevistas com os participantes para reconstituir cada decisão e, em seguida, catalogou cada uma delas utilizando uma taxonomia preexistente das fases de decisão. Algumas escolhas foram feitas quase no automático, resgatando algum precedente histórico e simplesmente se baseando nele; outras buscavam feedback ativo sobre um caminho proposto, mas nunca contemplavam direções alternativas. (Nutt chamou tais decisões de "sim ou não".) Algumas das equipes mais sofisticadas deliberavam sobre diversas escolhas e tentavam ponderar os respectivos prós e contras.

A descoberta mais notável da pesquisa de Nutt foi a seguinte: apenas 15% dos estudos de caso envolveram uma etapa em que os tomadores de decisões buscavam ativamente uma nova opção além das escolhas disponíveis desde o início. Em um estudo posterior, Nutt descobriu que somente 29% das decisões organizacionais contemplavam mais de uma alternativa. No livro *Gente que resolve*, Dan e Chip Heath comparam o estudo de Nutt àquele que descobriu que os adolescentes fazem escolhas com quase exatamente

MAPEAR

as mesmas limitações: apenas 30% dos adolescentes consideraram mais de uma alternativa ao enfrentarem uma escolha pessoal. (Como disseram: "A maioria das organizações parece adotar o mesmo processo decisório de um adolescente cheio de hormônios.") Ao longo dos anos, Nutt e outros pesquisadores demonstraram de modo convincente que existe uma forte correlação entre o número de alternativas deliberadas e o sucesso final da decisão em si. Em um de seus estudos, Nutt descobriu que os participantes que levavam em conta apenas uma alternativa julgavam que, no fim das contas, o resultado tinha sido um fracasso em mais de metade das vezes, enquanto escolhas que contemplavam ao menos duas alternativas foram vistas como bem-sucedidas em dois terços das vezes. Se você se pega mapeando uma pergunta do tipo "sim ou não", quase sempre é melhor convertê-la numa pergunta de "múltipla escolha" que ofereça outros caminhos a se seguir.

A busca por opções adicionais é mais uma esfera na qual a diversidade se mostra um recurso fundamental. Ver um problema a partir de diferentes perspectivas não só lança mais luz sobre todos os fatores que moldam a decisão, mas também facilita a percepção de alternativas até então inimagináveis. (Este é um âmbito em que a literatura sobre inovação e a literatura sobre tomada de decisões coincidem: nas duas áreas, a diversidade é a chave para ampliar as possibilidades, gerando novas ideias.) A pesquisa de Nutt enfatiza a importância de criar uma fase do processo decisório em que alternativas inteiramente novas possam ser exploradas, a fim de sair da zona de conforto da estrutura inicial da decisão, particularmente se esta assumir a forma de uma única alternativa do tipo "sim ou não".

Se você estiver preso a uma decisão de caminho único, Chip e Dan Heath sugerem um experimento mental intrigante — e, de certa forma, contraintuitivo — para escapar dessa perspectiva

VISIONÁRIOS

limitada: reduza suas opções. Se sua organização parece ter se acomodado na confortável premissa de que o Caminho A é a única saída disponível, imagine um mundo em que o Caminho A esteja bloqueado. O que você faria, então? "Remover opções pode, de fato, ajudar as pessoas, porque as faz perceber que estão empacadas em um pequeno detalhe de uma ampla paisagem", escrevem os irmãos Heath. Pense no mapa do Brooklyn em 1775: Washington havia mapeado dois caminhos principais pelos quais os britânicos poderiam seguir em seu ataque a Nova York — um ataque naval direto a Lower Manhattan e um ataque terrestre pelas colinas de Gowan. Mas, se ele tivesse feito o exercício mental de descartar as duas opções, poderia ter sido capaz de prever a manobra de flanco pelo Jamaica Pass, mesmo sem o auxílio de Nathanael Greene.

EXTREMISMO IDEAL

O trecho da Décima Avenida que percorre o West Side de Manhattan, ao sul da 33rd Street, costumava ser chamado de "Avenida da Morte" em memória dos vários pedestres e motoristas que perderam a vida ao colidirem com os trens de carga da New York Central que passavam em paralelo à rua. Em 1934, a ferrovia foi transferida para um viaduto que transportava mercadorias dos centros industriais acima da Houston Street até Midtown, abrindo caminho em meio a vários edifícios pelo trajeto. À medida que a região de Lower Manhattan foi se desindustrializando, a ferrovia tornou-se cada vez mais obsoleta. Em 1980, um trem de três vagões que transportava perus congelados fez a última viagem pelos trilhos.

Nas duas décadas seguintes, o viaduto foi oficialmente fechado para o público, e, naqueles anos de desocupação, a natureza pouco

MAPEAR

a pouco recuperou o espaço das ferrovias: grama alta e capim foram crescendo em meio aos trilhos. Grafiteiros encheram o ferro e o concreto de pichações; à noite, a garotada se esgueirava pela área para beber cerveja ou fumar maconha e curtir esse estranho universo paralelo acima das ruas agitadas do Chelsea. No entanto, para a maioria da "comunidade oficial" que vivia nos arredores da ferrovia, o viaduto era uma aberração e, pior ainda, uma ameaça à segurança pública. Um grupo de empresários locais entrou na Justiça contra a Conrail, companhia responsável pela linha, para que o viaduto fosse demolido. Em 1992, a Interstate Commerce Commission apoiou o grupo e ordenou que os trilhos fossem removidos. Por dez anos, houve intensos debates sobre quem pagaria pela demolição.

E então algo surpreendente aconteceu. Numa reunião comunitária, um pintor chamado Robert Hammond e um escritor chamado Joshua David puxaram conversa um com o outro e começaram a lançar ideias de como revitalizar os trilhos suspensos — não para voltarem a ser uma ferrovia, mas para virarem um parque. Quando propuseram a ideia, o governo Giuliani a tachou de fantasiosa, mas logo ela ganhou força. Um fotógrafo chamado Joel Sternfeld fez um ensaio de fotos assombroso dos trilhos abandonados em meio à vegetação selvagem, resplandecentes como uma espécie de campo de trigo transportado das Grandes Planícies para a Manhattan pós-industrial. Poucos anos depois, o plano foi aprovado pela comissária de planejamento do prefeito Michael Bloomberg, a visionária Amanda Burden, e uma parceria público-privada reuniu milhões de dólares para bancar a transformação. No fim da década, o primeiro trecho do High Line Park foi aberto ao público: um dos parques urbanos mais criativos e amplamente admirados já construídos em todo o mundo no século XXI, e mais uma grande atração turística na cidade de Nova York.

VISIONÁRIOS

O High Line não era um recurso natural como o Collect Pond, mas sua história, em linhas gerais, não é diferente: um recurso urbano que antes cumpria uma função vital para a população e depois se torna pouco útil e até mesmo perigoso graças à negligência e às transformações industriais de uma metrópole. No entanto, a forma como a cidade lidou com a decisão do que fazer com a estrutura abandonada veio a ser muito mais criativa do que a escolha de aterrar o Collect Pond. Durante uma década, a decisão foi vista sob a ótica de uma demolição inevitável. Era "sim ou não". A ferrovia era obviamente inútil — os trens de carga não voltariam a Lower Manhattan —, portanto a única questão real era como se livrar dela. A responsabilidade era da cidade ou da Conrail? Contudo, naquela escolha aparentemente binária, havia uma terceira opção oculta que fez com que os participantes pensassem no viaduto de um jeito totalmente novo. Quando visto da rua, o High Line era uma aberração. Mas, lá dos trilhos, o local oferecia um ângulo encantador da cidade à sua volta.

Já vimos como é preciso confrontar ativamente as dúvidas e incertezas ao fazermos uma escolha difícil. Mas, muitas vezes, a forma mais essencial de dúvida envolve questionar as opções disponíveis. Para tomar decisões complexas, não basta apenas mapear o território que influenciará cada escolha. Trata-se também, como a pesquisa de Paul Nutt deixou claro, de descobrir novas escolhas. Esta é a miopia das listas de prós e contras, como a que Darwin esboçou antes de se casar. Quando nos sentamos para tabular os argumentos a favor e contra uma decisão específica, já limitamos a gama de opções possíveis a dois caminhos: casar ou não casar. Mas e se houver outras maneiras, mais criativas, de alcançar nossos objetivos ou satisfazer as necessidades conflitantes das partes interessadas? Talvez não se trate de uma escolha entre derrubar o viaduto ou deixá-lo continuar a ser uma ruína perigosa. Ele talvez possa ser reinventado, não?

MAPEAR

O desafio, claro, é como podemos driblar nossa mente para que ela perceba essa terceira opção, ou a quarta e a quinta escondidas por trás dela. A estrutura multifatorial da *charrette* pode ser útil, com toda certeza. É provável que outras partes interessadas envolvidas na situação percebam opções que talvez não consigamos descobrir naturalmente, dadas as bandas estreitas de nossa perspectiva individual. Fazer o experimento de reduzir o número de opções, como Chip e Dan Heath sugerem, também pode ser uma estratégia útil. Mas existe outra forma de pensar sobre esse problema, que se conecta diretamente com os tipos de decisão que enfrentamos coletivamente em sociedades democráticas. As primeiras pessoas a perceberem que o High Line poderia ganhar nova vida como área de lazer não foram os habituais tomadores de decisões do planejamento urbano nem os grupos empresariais locais. Foram as pessoas que vivem — e brincam — às margens da sociedade: grafiteiros, invasores em busca da emoção de dar festas numa área proibida, exploradores urbanos atrás de uma vista diferente da cidade. Em um sentido bastante literal, os primeiros exploradores do High Line ocuparam uma posição extrema no debate sobre o futuro do viaduto, à medida que ocupavam um espaço acima das ruas que quase mais ninguém tinha se dado ao trabalho de explorar. Eles eram extremos e marginais tanto no sentido de suas identidades sociais e escolhas de estilo de vida quanto no sentido de onde se colocavam. E, mesmo quando a ideia de um parque surgiu em meio a fontes mais tradicionais, não foi um urbanista ou um empresário quem a propôs, mas um escritor, um pintor e um fotógrafo.[12]

O extremismo não é apenas uma possível defesa da liberdade; é também, muitas vezes, a fonte de novas ideias e novos caminhos para uma decisão que não estão à vista no senso comum. As mudanças sociais mais significativas assumem primeiro a forma

VISIONÁRIOS

de posições "extremas", distantes do centrismo da sabedoria convencional. Uma sociedade em que posicionamentos radicais não têm uma projeção significativa é uma sociedade incapaz de transformações. Sufrágio universal, combate às mudanças climáticas, casamento homoafetivo e legalização da maconha são todas pautas que vieram ao mundo como posicionamentos "radicais", distantes do senso comum, mas que, ao longo do tempo, foram abrindo caminho até chegarem ao nível de consenso geral. Em 1880, era extremismo sugerir que as mulheres deveriam votar, mas hoje a ideia de um eleitorado exclusivamente masculino parece absurda a todos, exceto aos machistas mais convictos. É claro, existem muitos posicionamentos radicais que se revelam becos sem saída ou pior: negacionistas do 11 de Setembro e supremacistas brancos também são extremistas no espectro político atual. Mas temos muito menos chances de encontrar novos caminhos verdadeiramente criativos — tanto na vida cívica quanto nos parques urbanos — se silenciarmos todas as vozes extremistas de uma comunidade.

AS POSSÍVEIS CONSEQUÊNCIAS FUTURAS

Os outsiders não são as únicas pessoas capazes de revelar opções antes inimagináveis. Às vezes, os novos caminhos são descobertos por aqueles que ocupam o topo da cadeia. Como presidente, Barack Obama aparentemente tinha o dom de identificar alternativas. "Os conselheiros costumavam reduzir a escolha à opção A ou à opção B e então direcionavam o presidente para aquela que preferiam", escreve Mark Bowden em seu relato sobre o ataque a Bin Laden. "A questão era como a decisão era enquadrada. Obama não dava a menor chance a esse método. Ele ouvia A e B, fazia uma série de perguntas pertinentes e, na maioria das vezes, propunha

MAPEAR

um caminho totalmente diferente, a opção C, que parecia sair de sua cabeça toda formada."[13]

No fim do inverno de 2011, as investigações do caso Bin Laden deixaram de lado a identidade dos ocupantes do casarão e passaram a se concentrar na melhor maneira de atacar o local. Ninguém sabia ao certo se a figura misteriosa que havia sido avistada andando pelo terreno — embora sempre parcialmente encoberta nas imagens de satélite — era de fato o líder da al Qaeda, mas as chances eram boas o suficiente para justificar algum tipo de investida militar. A questão era: que tipo de investida? Inicialmente, Obama se viu diante de duas opções: um ataque de helicóptero, em que as equipes de operações especiais teriam a possibilidade de matar ou capturar Bin Laden sem destruir o imóvel; ou um bombardeio, em que trinta bombas inteligentes seriam lançadas de um bombardeiro B-2 no local, destruindo a estrutura e todos os túneis abaixo dela. Nenhuma das opções era ideal: o ataque de helicóptero envolvia adentrar o espaço aéreo do Paquistão sem notificar os próprios paquistaneses e tinha semelhanças inconfundíveis com a desastrosa investida de Jimmy Carter em 1980 para resgatar os reféns no Irã. O bombardeio era muito mais fácil, mas provavelmente destruiria muitas casas vizinhas e resultaria em dezenas de mortes de civis e na destruição de todas as possíveis evidências no local — e, mais importante, da prova de que o próprio Bin Laden havia sido morto.

Diante das duas opções, cada qual com suas diferentes desvantagens, Obama fez a equipe buscar outras possibilidades, da mesma forma que haviam sido incitados a procurar evidências contraditórias na identificação dos residentes do imóvel. No fim das contas, o grupo estabeleceu quatro opções: o bombardeio B-2; o ataque das equipes militares; um ataque de drone que utilizaria um míssil guiado experimental de alta precisão para derrubar o líder diretamente, causando poucos efeitos colaterais ao esconderijo e à vizinhança; e um ataque coordenado com os paquistaneses, que eliminaria o risco de adentrar o espaço aéreo do Paquistão sem consentimento.

Depois de conduzirem uma análise de espectro completo do casarão em si e mapearem as opções que lhes permitiriam atacar o local, Obama e sua equipe mudaram a abordagem. Deixaram de coletar pistas sobre a situação em Abbottabad, expor perfis ocultos, mapear caminhos possíveis. A mente deles havia se voltado para as *consequências* das escolhas que enfrentavam. Cada caminho sugeria uma série de possíveis futuros, com efeitos derivados que poderiam reverberar por anos. Como em todas as decisões de longo alcance, a escolha que Obama e sua equipe enfrentaram os forçou a pensar rigorosamente sobre o que aconteceria em seguida.

A metáfora do mapa da decisão é poderosa. Ao enfrentarmos uma escolha difícil, estamos tentando descrever o território literal e figurado que nos cerca: fazemos um inventário de todas as forças em jogo; traçamos todas as regiões visíveis e no mínimo reconhecemos os pontos cegos; mapeamos os possíveis caminhos que podemos seguir para percorrermos o espaço. Mas, é claro, em um aspecto, o conceito de um mapa da decisão é enganoso. Os mapas definem a configuração atual do terreno. Eles ficam, em certo sentido, presos no tempo. As decisões, ao contrário, se desenvolvem ao longo de dias, semanas ou anos. Escolher o caminho certo depende não só de nossa capacidade de compreender o estado atual do sistema, mas também de nossa capacidade de *prever* o que virá em seguida. Para tomar decisões complexas, precisamos de uma avaliação completa do estado das coisas e uma lista abrangente das possíveis escolhas de que dispomos. Contudo, precisamos também de um modelo informativo de como esse estado é propenso a mudar com base na escolha que por fim faremos. Pode parecer desafiador construir um mapa mental de um sistema complicado e multivariável. Mas é ainda mais difícil prever o futuro.

2

PREVER

Que ele então parta para o Continente, sem que nos pronunciemos sobre seu futuro. Em meio a todas as formas de erro, a profecia é a mais gratuita.

GEORGE ELIOT, *MIDDLEMARCH*

Durante a maior parte de sua história, a ciência da atividade cerebral baseou-se em lesões catastróficas. Até que ferramentas modernas de neuroimagem, como o PET-CT e a ressonância magnética funcional (fMRI), nos permitissem rastrear o fluxo sanguíneo cerebral em tempo real, os cientistas passaram anos dissecando cérebros, e era extremamente difícil saber quais partes dele eram responsáveis pelos diferentes estados mentais. Boa parte de nossa compreensão vinha de estudos de caso como o de Phineas Gage, trabalhador ferroviário do século XIX que, de alguma forma, sobreviveu à perfuração do lobo frontal esquerdo por uma barra de ferro e passou a apresentar uma série de mudanças impressionantes em sua personalidade. Antes da neuroimagem, caso alguém quisesse verificar a atividade de uma parte específica do cérebro, era preciso encontrar uma pessoa que tivesse perdido

VISIONÁRIOS

tal parte em um terrível acidente e descobrir como a lesão a havia prejudicado. Se fosse uma pessoa cega, a lesão devia ter impactado o sistema visual; se tivesse amnésia, a área danificada devia ter algo a ver com a memória.

Essa era uma maneira extremamente ineficiente de examinar o cérebro humano; portanto, quando os exames PET-CT e fMRI surgiram nos anos 1970 e 1980 com a promessa de possibilitar o estudo de cérebros saudáveis em funcionamento, é de se esperar que os neurocientistas tenham ficado muito animados com essa perspectiva. No entanto, eles logo perceberam que as novas tecnologias exigiam uma base de referência para que suas imagens fossem significativas; afinal de contas, o sangue circula por todo o cérebro o tempo inteiro. Então, o que se busca em um PET-CT ou fMRI são as *mudanças* no fluxo sanguíneo: um aumento repentino de atividade numa área, uma diminuição em outra. Quando vemos um rápido aumento no córtex auditivo enquanto se ouve uma sonata de Bach na sala do exame, as imagens deixam claro que aquela parte específica do lobo temporal desempenha um papel na audição de músicas. Mas, para ver essa variação, é preciso saber contrastá-la com um estado de repouso. As imagens se tornam úteis somente por meio do rastreio das diferenças entre os diversos estados — e seus diferentes padrões de fluxo sanguíneo por todo o cérebro.

Durante anos, os cientistas presumiram que não se tratava de algo tão complicado. Bastava colocar os participantes do estudo no tomógrafo, pedir que repousassem e não fizessem nada, e então solicitar que executassem seja lá qual fosse a tarefa em questão: ouvir música, falar, jogar xadrez. Rastreávamos os cérebros em estado de repouso e depois repetíamos o processo com os cérebros em atividade, e o computador analisava as diferenças e produzia uma imagem que destacava as mudanças no fluxo sanguíneo, não muito diferente de um mapa meteorológico moderno, que exibe as di-

PREVER

ferentes intensidades de uma tempestade que se aproxima de uma área metropolitana. Em meados dos anos 1990, uma pesquisadora do cérebro da Universidade de Iowa chamada Nancy Andreasen estava conduzindo um experimento sobre memória utilizando aparelhos de PET-CT quando percebeu algo incomum nos resultados. As imagens do estado de "repouso" não pareciam mostrar uma queda de atividade. Pelo contrário: pedir que os participantes ficassem parados e tentassem não fazer nada em particular parecia desencadear um padrão muito específico de estimulação ativa no cérebro. Em um artigo publicado em 1995, Andreasen fez uma observação sobre o padrão: as regiões cerebrais que se acenderam no estado de repouso eram muito menos desenvolvidas em primatas não humanos. "Ao que parece, quando o cérebro/a mente pensa de modo livre e desimpedido", especulou Andreasen, "faz uso de suas partes mais humanas e complexas".

Não demorou até que muitos outros pesquisadores começassem a explorar esse comportamento estranho. Em muitos estudos, o cérebro mostrou-se *mais* ativo em repouso do que quando estava supostamente em atividade. Em pouco tempo, os cientistas passaram a chamar essa atividade recorrente de "rede padrão". Em 1999, uma equipe de pesquisadores da Faculdade de Medicina de Wisconsin, liderada por J. R. Binder, publicou um artigo influente que sugeria que a rede padrão envolvia "recuperação de informações da memória de longo prazo, representação de informações em estado de consciência na forma de imagens mentais e pensamentos, e manipulação dessas informações para solução de problemas e planejamento". Em outras palavras, quando somos deixados por conta própria com nossos dispositivos mentais, a mente vagueia para um estado que mistura memórias e projeções, reflete sobre problemas e cria estratégias para o futuro. Binder passou a especular sobre o valor adaptativo desse tipo de atividade mental. "Ao armazenar, recuperar e manipular informações internas, organizamos o que não pôde ser organizado durante a apresentação do estímulo, resolvemos problemas que exigem processamento por longos períodos e criamos planos eficazes para administrar o comportamento no futuro. Essas capacidades certamente foram de grande contribuição para a sobrevivência humana e para a invenção da tecnologia."

Existe uma maneira mais simples — e menos reveladora — de descrever essas descobertas: os seres humanos devaneiam. Não era preciso um aparelho de fMRI para ter essa epifania sobre nós mesmos. O que a tecnologia revelou *de fato* foi a quantidade de energia que os devaneios exigem. Quando parece divagar, a mente está, na verdade, no que se refere à atividade neuronal, em pleno exercício. E as regiões cerebrais envolvidas nesse exercício são aquelas exclusivas aos humanos. Por que nosso cérebro dedica tantos recursos a algo tão inócuo e aparentemente improdutivo quanto sonhar acordado? Esse mistério fez com que outro grupo de pesquisadores investigasse no que exatamente estamos pensando quando devaneamos. Numa pesquisa recente, o psicólogo social Roy Baumeister selecionou quinhentas pessoas em Chicago em momentos aleatórios do dia e lhes perguntou no que estavam pensando naquele instante. Se não estivessem ativamente envolvidas numa tarefa específica, Baumeister descobriu que tinham uma surpreendente propensão a pensar no futuro, imaginando eventos e emoções que, tecnicamente, ainda não tinham acontecido. A probabilidade de que estivessem pensando em eventos futuros, e não passados, era três vezes maior. (E mesmo os eventos passados sobre os quais refletiam costumavam ter alguma relevância para suas perspectivas futuras.) Se dermos um passo para trás e pensarmos sobre a descoberta, há algo de intrigante na situação. Os seres humanos parecem passar uma quantidade impressionante de tempo pensando sobre eventos que, por definição, não são reais, são invenções de nossa imaginação — porque ainda não aconteceram. Essa perspectiva de futuro vem a ser uma característica determinante da rede padrão do cérebro. Quando deixamos nossa mente divagar, ela naturalmente começa a desenhar cenários imaginários do que está por vir. Nós não somos, como F. Scott Fitzgerald descreve no fim de *O grande Gatsby*, barcos contra a corrente, arrastados incessantemente para o passado. Na verdade, nossa mente tende a se antecipar à corrente, contemplando o futuro sempre que a oportunidade surge.

O psicólogo Martin Seligman afirmou recentemente que essa capacidade de construir hipóteses válidas sobre eventos futuros — nossa habilidade de fazer previsões de longo prazo que moldam as decisões que tomamos na vida — pode ser o atributo determinante da inteligência humana. "O que melhor distingue nossa espécie", escreve ele, "é uma habilidade que os cientistas estão apenas começando a reconhecer: nós contemplamos o futuro. Nossa presciência singular criou a civilização e sustenta a sociedade. [...] Um nome mais adequado para nossa espécie seria *Homo prospectus*, porque nos desenvolvemos ao levarmos em conta nossas perspectivas. O poder da previsão é o que nos dá sabedoria. Olhar para o futuro, consciente ou inconscientemente, é uma função central de nosso cérebro".

Não está claro se os animais têm algum tipo de concepção real sobre o futuro. Alguns organismos demonstram comportamentos que sugerem previsão de longo prazo — como um esquilo que enterra as nozes para o inverno —, mas são todos comportamentos instintivos, moldados pelos genes, não pela cognição. O estudo mais avançado sobre os esquemas de tempo dos animais concluiu que a maioria só consegue planejar com antecedência deliberada na escala de minutos. Tomar decisões com base em perspectivas futuras na escala de meses ou anos — mesmo algo tão simples quanto planejar as férias de verão no inverno — seria inimaginá-

VISIONÁRIOS

vel até mesmo para nossos parentes primatas mais próximos. A verdade é que estamos a todo momento fazendo previsões sobre eventos futuros, e essas previsões orientam as escolhas que fazemos na vida. Sem o talento da predição, seríamos uma espécie fundamentalmente diferente.

OS SUPERPREVISORES

O fato de nosso cérebro ter desenvolvido uma rede padrão que gosta de refletir sobre o que pode estar por vir não necessariamente significa que somos impecáveis na arte de prever eventos futuros, sobretudo quando se trata de assuntos de espectro completo com horizontes de longo prazo. Há algumas décadas, o professor de ciência política Philip Tetlock conduziu uma série de torneios de previsão, em que especialistas e intelectuais públicos deveriam fazer prognósticos sobre eventos futuros. Tetlock reuniu um grupo de 284 "experts" de uma ampla gama de instituições e correntes políticas. Alguns eram funcionários do governo, outros trabalhavam para instituições como o Banco Mundial, e outros eram intelectuais públicos que escreviam com frequência artigos de opinião para grandes jornais. Parte do brilhantismo do experimento de Tetlock é que ele estava tentando medir o que o autor Stewart Brand chamou de "visão de longo prazo" — não a agitação diária dos noticiários, mas as mudanças mais lentas e significativas da sociedade. Algumas previsões envolviam eventos que aconteceriam ao longo do ano seguinte, mas outras pediam aos participantes que olhassem para a década seguinte. A maioria das questões era de natureza geopolítica ou econômica: será que algum membro da União Europeia vai se retirar nos próximos dez anos? Haverá uma recessão nos Estados Unidos nos próximos cinco anos?

PREVER

Tetlock coletou 28 mil previsões durante sua pesquisa e então deu um passo importante que quase nunca se vê nos pronunciamentos dos colunistas e comentaristas de veículos jornalísticos: ele de fato comparou as previsões com os resultados reais e classificou os previsores por sua precisão comparativa. Para obter uma espécie de amostra de controle, Tetlock também comparou os previsores humanos a versões algorítmicas simples, como "nunca prever mudanças" ou "presumir que o ritmo atual de mudanças seguirá ininterrupto". Se a previsão pedia o tamanho da dívida pública dos Estados Unidos em dez anos, um algoritmo simplesmente responderia: "O mesmo de agora." O outro calcularia o ritmo de crescimento ou de redução da dívida e faria uma previsão correspondente.

Os resultados da comparação foram péssimos. Quando solicitados a fazer previsões que levassem em conta as tendências de longo prazo, os especialistas, na verdade, tiveram uma performance *pior* do que os palpites aleatórios. As previsões algorítmicas simplistas ("as tendências atuais se manterão"), na verdade, superaram muitas previsões humanas, e Tetlock descobriu que, em geral, havia uma correlação inversa entre a popularidade do especialista e a eficácia de seus prognósticos. Quanto mais exposição midiática se tem, menos valiosas suas previsões possivelmente serão.

Quando Tetlock enfim publicou os resultados em seu livro *Expert Political Judgment* [Análise política de excelência, em tradução livre], de 2009, eles foram amplamente divulgados na imprensa, o que foi de certa forma irônico, pois a lição do estudo de Tetlock parecia minar a autoridade das opiniões midiáticas. Ainda assim, Tetlock descobriu um grupo estatisticamente significativo de especialistas que, de fato, se saíram melhores do que os chimpanzés, mesmo em previsões de longo prazo. Seus índices de acerto não chegavam nem perto da clarividência total, mas havia algo neles que os ajudava a enxergar o futuro com mais clareza do que os seus pares primatas. Então, Tetlock se voltou para um

VISIONÁRIOS

mistério ainda mais interessante: o que separava os previsores bem-sucedidos dos charlatães? As suspeitas mais comuns não vingaram: não fazia diferença se tinham ou não um doutorado, ou um QI superior, ou um cargo numa instituição de prestígio, ou um nível mais alto de acesso a informações confidenciais. E seus posicionamentos políticos não importavam. "O fator crítico", para Tetlock, "era *como* eles pensavam":

> Um grupo tendia a organizar seus pensamentos em torno de Grandes Ideias, embora não concordassem sobre quais das Grandes Ideias eram verdadeiras ou falsas. Alguns eram fatalistas em relação ao meio ambiente ("Tudo está se esgotando"); outros eram cornucopianos ("Podemos encontrar substitutos rentáveis para qualquer coisa"). Alguns eram socialistas (que defendiam o controle estatal das altas esferas da economia); outros eram fundamentalistas do livre mercado (que queriam minimizar a regulação por parte do Estado). Por mais que tivessem ideologias diferentes, eles eram unidos pelo fato de compartilharem um pensamento bastante ideológico. Buscavam espremer os problemas complexos nos modelos de causa e efeito de preferência e encaravam tudo que não se encaixasse como meras distrações. [...] Como resultado, eles se mostravam excepcionalmente confiantes e mais propensos a declarar que certas coisas são "impossíveis" ou "certas". [...] O outro grupo era formado por especialistas mais pragmáticos, que recorriam a muitas ferramentas analíticas, e a escolha da ferramenta dependia do problema específico que enfrentavam. Esses especialistas reuniam o máximo de informações do maior número de fontes possível. [...] Falavam sobre possibilidades e probabilidades, não certezas. E, embora ninguém goste de dizer que errou, esses admitiam suas falhas com mais prontidão e mudavam de ideia.[1]

PREVER

Tomando emprestada uma metáfora do lendário verso de Isaiah Berlin, que, por sua vez, a tomou do poeta Arquíloco, da Grécia Antiga — "A raposa sabe de muitas coisas, mas o ouriço sabe de uma coisa muito importante" —, Tetlock chamou os dois grupos de previsores de ouriços e raposas. De acordo com sua análise, as raposas — atentas a uma ampla gama de possibilidades, dispostas a admitir a incerteza, não dedicadas a uma teoria universalizante — acabam prevendo eventos futuros de modo significativamente melhor em comparação aos especialistas mais obstinados. As raposas eram de espectro completo; os ouriços eram de banda estreita. Ao tentar processar uma situação complexa e oscilante — economias nacionais ou desenvolvimentos tecnológicos, como a invenção de um computador —, a perspectiva uniforme de uma única área de especialização ou visão de mundo parece nos tornar *menos* capazes de projetar mudanças futuras. Para uma visão de longo prazo, é preciso colher informações de diversas fontes; amadores e entusiastas superam os pensadores uniformes.

Tetlock também notou outra característica interessante dos previsores bem-sucedidos, extraída do estudo dos tipos de personalidade, e não da metodologia de pesquisa. Os psicólogos costumam citar os "cinco grandes" traços que definem os principais eixos da personalidade humana: conscienciosidade, extroversão, amabilidade, neuroticismo e abertura a experiências, o que às vezes também é descrito como curiosidade. Quando ele avaliou os previsores de acordo com essas categorias básicas, uma se sobressaiu: os previsores bem-sucedidos eram, como grupo, muito mais propensos a se abrir a novas experiências. "A maioria das pessoas que não são de Gana consideraria perguntas como 'Quem vai ganhar as eleições em Gana?' inúteis", escreve Tetlock. "Elas não saberiam por onde começar, nem por que se dar ao trabalho. Mas, quando eu levantava essa questão hipotética [para um dos previsores de sucesso]

95

VISIONÁRIOS

e perguntava qual seria sua reação, ele simplesmente dizia: 'Bem, temos aí uma oportunidade de aprender um pouco sobre Gana.'"[2]

Mas os superprevisores de Tetlock estavam longe de serem profetas. Como grupo, eles eram cerca de 20% melhores em prever o futuro do que um ouriço comum, o que significa que superavam de leve o acaso. Poderíamos preencher uma ala inteira de uma biblioteca com histórias de pessoas que foram incapazes de ver acontecimentos importantes se aproximando, eventos que, olhando em retrospecto, hoje em dia nos parecem óbvios. Quase ninguém previu o computador pessoal conectado à rede, por exemplo. Diversas narrativas de ficção científica — a começar pela visão de H. G. Wells de um "cérebro global" — imaginavam uma espécie de superinteligência mecânica e centralizada que poderia ser consultada para obter conselhos sobre os maiores problemas da humanidade. Mas a noção de que os computadores se tornariam na prática eletrodomésticos — baratos, portáteis e utilizados para atividades cotidianas, como ler colunas jornalísticas ou consultar placares esportivos — parece ter sido quase que completamente inconcebível, mesmo para as pessoas cujo trabalho envolvia prever desenvolvimentos futuros da sociedade! (A única exceção foi um conto obscuro de 1947 intitulado "Uma lógica chamada Joe", que apresenta um dispositivo que não apenas se assemelha a um PC moderno, como também inclui funcionalidades que preveem as pesquisas no Google.)

O fracasso da ficção científica em antever os PCs conectados à rede foi acompanhado de uma estimativa igualmente equivocada a respeito de nossos futuros avanços nos meios de transporte. A maioria dos escritores de ficção científica em meados do século XX presumiram que as viagens espaciais se tornariam uma atividade mundana até o fim do século, ao mesmo tempo que subestimaram seriamente o impacto do microprocessador, levando ao que o estudioso de ficção científica Gary Westfahl chama de "cenas absurdas de pilotos de naves espaciais manuseando freneticamente as réguas de cálculo a fim de recalcular a rota".[3] De alguma maneira, era muito mais fácil imaginar que os seres humanos colonizariam Marte do que imaginar que consultariam a previsão do tempo e conversariam com seus amigos por um computador.[4]

Por que os computadores pessoais ligados à rede foram tão difíceis de prever? É uma pergunta importante, porque as forças que impediram nossos escritores mais visionários de imaginar a revolução digital — e os levaram a superestimar e muito o futuro das viagens espaciais — podem nos dizer bastante sobre como as previsões falham quando tentamos antever o comportamento de sistemas complexos. A explicação mais simples é a que Westfahl chama de "falácia da extrapolação":

> Trata-se do pressuposto de que uma tendência identificada seguirá em frente sempre da mesma maneira, indefinidamente, em direção ao futuro. Assim, nos anos 1940, George Orwell observou um crescimento constante de governos autoritários e previu que a tendência continuaria até que engolisse o mundo inteiro no ano de 1984. [...] Em *Where To?* [Para onde?, em tradução livre] (1952), Robert A. Heinlein foi um dos muitos comentaristas que, ao perceber que a quantidade de roupas que a sociedade exigia que as pessoas usassem estivera em queda constante ao longo do século anterior, previu com confiança a futura aceitação da completa nudez pública.[5]

A viagem espacial é o exemplo definitivo da falácia da extrapolação em funcionamento. De 1820 até mais ou menos 1976 — um período marcado pela invenção das ferrovias, por um lado, e pelo primeiro voo supersônico do Concorde, por outro —, a velocidade máxima alcançada pela espécie humana acelerou drasticamente. Passamos dos intensos 64 km/h das primeiras locomotivas — o

VISIONÁRIOS

mais rápido a que qualquer ser humano já tinha viajado — às velocidades supersônicas dos aviões a jato e dos foguetes em apenas um século, um salto de mais de vinte vezes. Parecia lógico que a tendência se manteria e os seres humanos logo viajariam a 32 mil km/h, tornando uma viagem a Marte não muito mais importante do que um voo transatlântico em um avião a jato. Mas, é claro, essa curva ascendente da velocidade máxima encontrou uma série de obstáculos imprevistos, alguns dos quais envolviam as leis da física, e outros, um declínio do financiamento de programas espaciais em todo o mundo. Na verdade, com a descontinuação do Concorde, a velocidade máxima de viagem do cidadão médio chegou a *diminuir* ao longo das últimas duas décadas. A previsão de colônias em Marte falhou porque as tendências do momento não se mantiveram constantes.

Com o computador pessoal conectado à rede, o problema foi diferente. Por cerca de um século e meio, a velocidade de transporte era mais previsível porque o desenvolvimento de motores envolvia um número limitado e relativamente estável de disciplinas. Tratava-se de termodinâmica e engenharia mecânica, e talvez um pouco de química em experimentos com diferentes fontes de propulsão. Mas as áreas que convergiram para a invenção do computador moderno eram muito mais diversas. A informática teve início com a matemática, mas passou a depender da engenharia elétrica, da robótica e do processamento de sinais de micro-ondas, sem contar os campos totalmente novos, como o design de interface do usuário. Quando todas essas diferentes áreas se desenvolvem em um ritmo regular, podem surgir avanços que provocam renovações, e esse é precisamente o tipo de mudança que é difícil de prever com antecedência. O fato de os chips terem se tornado tão baratos pode ser atribuído tanto aos avanços da física do estado sólido, que permitiu que usássemos semicondutores como portas lógicas,

PREVER

quanto aos avanços no gerenciamento da cadeia de suprimentos, que permitem que um dispositivo como o iPhone seja montado a partir de componentes produzidos em outro continente.

É por isso que o computador pessoal foi um ponto cego para tantas pessoas inteligentes. Para prever seu surgimento, era preciso entender que as linguagens simbólicas da programação iriam além dos simples cálculos matemáticos da computação primitiva; que o silício e os circuitos integrados substituiriam os tubos de vácuo; que as ondas de rádio poderiam ser manipuladas para transmitir informações binárias em vez de sinais analógicos; que os elétrons que disparam nas telas de raios catódicos poderiam ser controlados com tanta precisão que formariam caracteres alfanuméricos legíveis; que redes estáveis poderiam se formar em cima de nós descentralizados sem nenhum dispositivo mestre que controlasse todo o sistema. Para processar tudo isso, era preciso ser matemático, gerente de cadeia de suprimentos, teórico da informação e físico do estado sólido. Apesar de todas as suas conquistas, a aceleração física dos séculos XIX e XX não passou de uma variação do mesmo tema: queimar algo e converter a energia liberada em movimento. Mas o computador era uma sinfonia.

Será a miopia dos especialistas de Tetlock e dos autores de ficção científica apenas um sinal de que os sistemas complexos, assim como a geopolítica e a tecnologia da informação, são fundamentalmente imprevisíveis por envolverem variáveis demais, distribuídas em campos diferentes demais? E, se for o caso, como podemos tomar melhores decisões de longo prazo? Para tal, é preciso ter uma compreensão melhor da direção para a qual os caminhos que estamos escolhendo nos levarão. Não é possível ter visão de futuro se o caminho à nossa frente estiver embaçado.

Será que existem áreas nas quais fizemos avanços significativos em termos de previsão do comportamento futuro de sistemas

VISIONÁRIOS

complexos, e não apenas melhorias adicionais dos superprevisores?
E, se existem, será que podemos aprender algo com seu sucesso?

A HIDROTERAPIA

Poucos anos depois de Darwin ter tomado sua fatídica decisão de
se casar, ele começou a ter crises de vômito misteriosas, uma condição que o atormentaria até o fim da vida. Em dado momento,
seus médicos recomendaram que ele deixasse Londres para se
recuperar. Eles não estavam simplesmente enviando Darwin para
o campo para que descansasse e relaxasse um pouco. Tinham
em mente uma intervenção muito mais específica. Os médicos o
enviaram para a hidroterapia.

Ao seguir a recomendação médica, Darwin estava seguindo o
exemplo de muitos de seus colegas intelectuais: Alfred Tennyson,
Florence Nightingale, Charles Dickens e o companheiro de George
Eliot, George Henry Lewes. Situada perto de uma famosa nascente
na cidade de Malvern, a clínica de hidroterapia havia sido fundada
na década anterior por dois médicos, James Manby Gully e James
Wilson. Em termos atuais, a clínica de Malvern seria categorizada
na extremidade "holística" das práticas de saúde, mas, na época,
era indistinguível da medicina autêntica. Darwin fez diversas visi-
tas a Malvern e escreveu muitas cartas refletindo sobre a validade
científica da hidroterapia. (Como veremos, ele tinha motivos para
estar preocupado. A grande tragédia de sua vida se desenrolou
durante uma viagem a Malvern.) Os tratamentos idealizados por
Gully e Wilson incluíam despejar uma grande quantidade de água
gelada em seus pacientes, depois envolvê-los em lençóis molhados
e forçá-los a se deitar por horas. Gully em particular parece ter estado aberto a quase todo tipo de tratamento holístico ou espiritual

que se possa imaginar. Numa carta, Darwin zombou dele pelas intervenções "médicas" que providenciou para sua própria família: "Quando a filha dele estava muito doente, ele chamou uma vidente para relatar as mudanças internas, um hipnólogo para fazê-la dormir, um homeopata... e ele mesmo como hidropata."[6]

Essa insistência de Darwin de voltar a Malvern apesar de seus receios sugere que ele ainda acreditava que havia algo genuinamente terapêutico na hidroterapia. Embora possa ser verdade que o simples ato de deixar o caos e a poluição de Londres e beber água não contaminada por algumas semanas traria benefícios à saúde, é quase certo que os tratamentos específicos adotados pela clínica não melhoraram a condição dos pacientes, a não ser por, quem sabe, o pequeno bônus do efeito placebo.[7] Mas a aparente ausência de mérito medicinal da hidroterapia não impediu que Gully e Wilson desenvolvessem uma fama nacional de curandeiros milagrosos.

Essa fama pode ter tido relação com o fato de que a hidroterapia superou muitas intervenções médicas comuns da época: arsênico, chumbo e sangria ainda eram comumente prescritos pelos médicos mais conceituados. Quando pensamos em algumas das conquistas da ciência e da engenharia no período (a perigosa ideia de Darwin, as ferrovias), parece estranhamente anacrônico que os especialistas em medicina ainda persistissem em um misticismo tão medieval. Darwin enfrentou uma das decisões mais desafiadoras que se possa imaginar — "Que tratamento devo buscar para este mal debilitante?" —, e, basicamente, suas opções eram: "Devo deixar que esse médico despeje um balde de água gelada em mim ou será que devo optar pelas sanguessugas?"

Essa escolha nos parece risível hoje em dia, mas como é que ela foi cogitada, para início de conversa? Os vitorianos superavam expectativas em diversas áreas. Por que eram tão incompetentes no campo da medicina? Pode-se argumentar que, em suma, as

VISIONÁRIOS

profissões médicas da era vitoriana quebraram o juramento de Hipócrates e causaram mais danos do que benefícios com suas intervenções. O vitoriano médio que tentava permanecer vivo se sairia melhor ignorando todos os conselhos médicos do que levando-os a sério naquele ambiente.

Existem muitas razões para esse estranho déficit, e uma delas é a seguinte: os médicos vitorianos eram incapazes de prever o futuro de modo confiável, pelo menos no que diz respeito aos efeitos de seus tratamentos. Eles podiam prometer ao paciente que mergulhar em água gelada ou envenenar-se com arsênico curaria uma tuberculose, mas eles não tinham como ter certeza de que suas ações surtiam algum efeito na doença. Todas as profecias médicas baseavam-se em anedotas, intuições e rumores. E a falta de presciência devia-se apenas parcialmente ao fato de que os médicos vitorianos não tinham acesso às ferramentas clínicas que hoje achamos banais: máquinas de raio X e de fMRI e microscópios eletrônicos. Eles também não tinham uma ferramenta *conceitual*: ensaios clínicos randomizados (ECRs).

Em 1948, o *British Medical Journal* publicou um artigo chamado "O tratamento da tuberculose pulmonar com estreptomicina", que fez uma análise dos efeitos de um novo antibiótico no tratamento das vítimas de tuberculose, com coautoria de muitos pesquisadores, mas liderado pelo estatístico e epidemiologista Austin Bradford Hill. A estreptomicina foi, na verdade, um avanço no tratamento da doença, mas o que fez a pesquisa de Hill ser tão revolucionária não foi o conteúdo do estudo, e sim a sua forma. "O tratamento da tuberculose pulmonar com estreptomicina" é amplamente considerado o primeiro ensaio clínico randomizado da história dos estudos médicos.

Existem invenções que moldam nossa forma de manipular a matéria no mundo. E existem também invenções que moldam

PREVER

nossa forma de manipular os dados, novos métodos que nos permitem enxergar padrões que não éramos capazes de perceber antes. O experimento da tuberculose, como todos os ensaios clínicos randomizados, contou com uma espécie de sabedoria das multidões. Não era suficiente simplesmente dar o antibiótico para um ou dois pacientes e depois relatar se sobreviveram ou morreram. O estudo de Hill sobre a estreptomicina envolveu mais de cem participantes, divididos aleatoriamente em dois grupos, um com antibiótico e outro com placebo.

Ao juntar esses elementos (uma amostra grande o suficiente e um grupo de controle selecionado ao acaso), algo extraordinário aconteceu: desenvolveu-se uma ferramenta para separar intervenções médicas verdadeiras do charlatanismo. Era possível fazer previsões sobre eventos futuros — neste caso, prever o resultado do uso de estreptomicina para tratar a tuberculose pulmonar. As previsões não eram totalmente corretas, é claro, mas pela primeira vez os médicos tiveram a possibilidade de mapear as relações de causa e efeito com rigor, mesmo que não compreendessem todas as forças subjacentes que possibilitaram essas relações causais. Se alguém propusesse que a hidroterapia oferecia um tratamento mais eficaz para a tuberculose, era possível testar a hipótese empiricamente. Quase que de imediato, o ensaio clínico randomizado começou a mudar o rumo da história da medicina. Poucos anos depois do estudo sobre a tuberculose, Hill fez um ECR histórico analisando os efeitos do cigarro, sem dúvida o primeiro estudo metodologicamente sólido a provar que o tabaco era prejudicial à saúde.

O interessante a respeito do ECR é como ele chegou tarde na história do progresso científico. A teoria dos germes não se tornou uma ideia estabelecida até que tivéssemos microscópios poderosos o suficiente para detectar as bactérias e os vírus. Sabe-se que Freud desistiu de seu estudo sobre o funcionamento fisiológico do

103

VISIONÁRIOS

cérebro porque não tinha acesso a ferramentas de rastreio como as máquinas de fMRI. Mas a ideia de um ensaio clínico randomizado não foi impedida por algum tipo de ferramenta ainda não inventada. Era possível conduzir facilmente um experimento do tipo em 1748. (Na verdade, o médico de bordo britânico James Lind quase esbarrou com a metodologia bem naquela época, enquanto investigava a causa do escorbuto. Contudo, sua técnica não vingou, e o próprio Lind parece não ter acreditado totalmente nos resultados de seu experimento.[8])

Era possível ver Darwin se esforçando para entender a estrutura do ECR em suas interações com Gully e a hidroterapia. Ele passou a manter uma espécie de registro que monitorava a data e o horário de cada tratamento a que se submetia, seu estado físico antes da intervenção e seu estado posterior na noite seguinte.[9] (Com isso, fica a impressão de que Darwin teria sido um ávido usuário de relógios inteligentes, como o da Fitbit.) Essa versão inicial do que hoje chamaríamos de "*self* quantificado" trazia em sua essência uma questão científica séria: Darwin buscava padrões em seus dados que pudessem ajudá-lo a decidir se Gully era um charlatão ou um visionário. Ele estava conduzindo um experimento sequencial em seu próprio corpo. A arquitetura do experimento carecia de alguns elementos fundamentais: não é possível realizar um ECR com um único participante, e é necessário algum tipo de "controle" para medir os efeitos da intervenção. Por mais meticuloso que Darwin fosse em registrar seu experimento da hidroterapia, por definição, ele não poderia dar um placebo *a si mesmo*.

Nas décadas seguintes, um pequeno mas crescente coro de vozes começou a defender que talvez fosse possível um novo método estatístico para avaliar a eficácia das diferentes intervenções médicas, mas não estava nem um pouco claro o quanto a técnica viria a ser revolucionária. Já em 1923, a revista *The Lancet* questionou: "A aplicação de um método numérico na medicina é uma engenhosidade trivial e inútil, como alguns defendem, ou é uma etapa importante no desenvolvimento de nossa arte, como outros proclamam?" Ao lermos essas linhas agora, elas nos parecem incrivelmente ingênuas. ("Será que esta nova tecnologia de escrita alfabética realmente fará a diferença ou acabará sendo apenas uma moda passageira? Especialistas discordam.") Hoje sabemos, sem sombra de dúvida, que o ensaio clínico randomizado não foi apenas "uma etapa importante no desenvolvimento de nossa arte", como a *Lancet* descreve. Foi, na verdade, o avanço que fez a medicina passar de arte a ciência. Pela primeira vez, um paciente diante de uma escolha desnorteante a respeito de como tratar uma doença ou enfermidade pôde aprender com a experiência de centenas ou milhares de outras pessoas que encararam um desafio parecido. O ECR deu um novo superpoder aos seres humanos, não muito diferente dos cálculos inimaginavelmente rápidos do computador ou da propulsão espetacular do motor a jato. Hoje, nessa área específica de tomada de decisões complexas — "Que tratamento devo seguir para me livrar desta doença?" —, podemos prever o futuro com uma precisão que teria sido inimaginável há apenas quatro gerações.

A PRIMEIRA PREVISÃO

O navio a vapor *Royal Charter*, carregado com a fartura da corrida do ouro australiana, quase chegou ao fim de sua jornada de mais de 20 mil quilômetros de Melbourne a Liverpool quando os ventos começaram a se intensificar no fim da tarde de 25 de outubro de 1859. Reza a lenda que o capitão, Thomas Taylor, rejeitou a sugestão de que eles aportassem depois que os barômetros começaram a cair vertiginosamente. Parecia absurdo não escapar da tempestade

VISIONÁRIOS

quando Liverpool estava tão próxima. Em questão de horas, porém, a tempestade que eclodiu veio a ser uma das mais poderosas já registradas no mar da Irlanda. Rapidamente desistindo do plano de Liverpool, o capitão baixou as velas e ancorou perto da costa, mas os ventos e o mar revolto logo dominaram o navio. Atingido por vendavais semelhantes a um furacão, o *Royal Charter* colidiu contra as rochas perto da cidade galesa de Anglesey, a apenas 100 quilômetros de Liverpool. O navio se partiu em três e naufragou. Cerca de 450 passageiros e tripulantes faleceram, muitos de forma violenta nas costas rochosas.

A tempestade do *Royal Charter*, como veio a ser chamada, acabou por sacrificar a vida de quase mil pessoas e destruiu centenas de navios ao longo das costas da Inglaterra, da Escócia e do País de Gales. Nas semanas seguintes à tempestade, Robert FitzRoy — o capitão de Darwin na viagem do *Beagle* — leu os relatórios com crescente indignação em seu escritório de Londres. FitzRoy havia trocado sua carreira como capitão por um cargo administrativo à frente do Departamento de Meteorologia da Junta Comercial (hoje chamado informalmente de Met Office), fundado por ele em 1854.

Hoje em dia, o Met Office é a agência governamental responsável pela previsão do tempo no Reino Unido, o equivalente ao National Weather Service nos Estados Unidos, mas a competência inicial do departamento nada tinha a ver com a previsão de eventos meteorológicos *futuros*. Em vez disso, FitzRoy havia estabelecido que o órgão calcularia as rotas de transporte marítimo mais rápidas por meio do estudo dos padrões dos ventos por todo o mundo. A ciência do Met Office não tentava determinar como o tempo estaria no dia seguinte. Simplesmente buscava saber se as condições meteorológicas eram comuns. Prever o tempo fazia parte do mundo da sabedoria do povo e de almanaques populares, como o *Farmer's Almanac*. Quando um membro do Parlamento

PREVER

sugeriu, em 1854, que talvez fosse cientificamente possível fazer a previsão do tempo de Londres com 24 horas de antecedência, o ridicularizaram.[10] Mas FitzRoy e outros poucos visionários haviam começado a imaginar como transformar a charada do prognóstico do tempo em algo semelhante a uma ciência. FitzRoy contou com o auxílio de três avanços importantes, todos provenientes da década anterior: uma compreensão rudimentar, mas funcional, da conexão entre os ventos de tempestade e os canais de baixa pressão, barômetros cada vez mais precisos capazes de medir mudanças de pressão atmosférica e uma rede de telégrafos que poderia transmitir esses registros para a sede do Met Office, em Londres.

Movido pelo desastre da tempestade do *Royal Charter*, FitzRoy estabeleceu uma rede de 14 estações em cidades da costa inglesa, registrando informações meteorológicas e transmitindo-as à sede para análise. Por meio do trabalho de uma pequena equipe no Met Office, que transcrevia à mão as informações, FitzRoy criou a primeira geração de mapas meteorológicos, que ofereciam aos viajantes marítimos o aviso prévio de que as almas perdidas do *Royal Charter* careceram.

Inicialmente, o Met Office utilizava os dados exclusivamente para alertar os navios a respeito das tempestades que se aproximavam, mas logo se fez evidente que as previsões também seriam de interesse civil em terra firme.[11] FitzRoy cunhou um novo termo para essas predições, a fim de diferenciá-las da adivinhação fraudulenta que era o padrão até o momento. Ele chamou seus relatórios meteorológicos de "previsão do tempo". "Profecias e adivinhações é que não são", explicou. "O termo previsão do tempo se aplica estritamente a esse tipo de opinião, pois se trata do resultado de cálculos e combinação científica."[12] A primeira previsão do tempo cientificamente embasada veio no *Times* (Londres) no dia 1º de agosto de 1861, informando uma temperatura de 17° C em Londres, com céu sem

VISIONÁRIOS

nuvens e ventos do sudoeste. A previsão se mostrou precisa — a temperatura chegou à máxima de 16° C naquele dia — e, em pouco tempo, as previsões meteorológicas tornaram-se um elemento básico na maioria dos jornais, mesmo que não fossem sempre tão certeiras quanto a primeira previsão de FitzRoy.

Apesar da rede telegráfica e dos barômetros — e da bravata de FitzRoy a respeito de "cálculos e combinação científica" —, os poderes preditivos da meteorologia no século XIX ainda eram muito limitados. Em 1862, FitzRoy publicou um volume em que explicava suas teorias sobre as formações climáticas, muitas das quais não resistiram ao teste do tempo. Uma avaliação da técnica de previsão do tempo do Met Office — supostamente conduzida pelo brilhante estatístico Francis Galton — descobriu que "não se fazia nenhum cálculo ou anotação. A operação leva cerca de meia hora e é conduzida mentalmente".[13] (Atormentado pelas críticas e por seu papel implícito no apoio ao que considerava a sacrílega teoria da evolução, FitzRoy suicidou-se em 1865.) Os meteorologistas não eram capazes de construir modelos atmosféricos em tempo real; então, em vez disso, baseavam-se numa espécie de reconhecimento de padrões históricos. Eles criavam tabelas que documentavam os dados recebidos de todas as estações de observação, mapeando a temperatura, a pressão, a umidade, o vento e a precipitação informados.[14] Essas tabelas eram então armazenadas como registro histórico de configurações passadas. Quando uma nova configuração surgia, os meteorologistas consultavam as tabelas anteriores que se assemelhassem ao padrão atual e as usavam como guia para prever o tempo do dia seguinte. Se houvesse um sistema de baixa pressão e ventos frios vindos do sul da costa do País de Gales, com um pico de calor em Surrey, os meteorologistas buscariam um dia semelhante no passado e descobririam como o tempo se comportou nos dias seguintes à ocasião anterior. Era

PREVER

mais um chute bem informado do que uma previsão apropriada, e seus poderes preditivos despencavam fora da margem de 24 horas, mas foi um avanço significativo em relação à leitura da disposição das folhas de chá no fundo da xícara que caracterizava todas as previsões meteorológicas anteriormente.

Conforme a evolução da ciência da dinâmica dos fluidos ao longo das primeiras décadas do século XX, tornou-se possível imaginar a modelagem real do comportamento interno dos sistemas meteorológicos, e não apenas observar as semelhanças superficiais entre diferentes configurações. Lewis Fry Richardson propôs uma "previsão do tempo por processos numéricos" em um breve livro homônimo e repleto de equações em 1923, bem na época em que a revista *The Lancet* refletia sobre os méritos de uma abordagem estatística da medicina. O problema da proposta de Richardson — do qual ele mesmo estava bastante ciente — era a complexidade dos cálculos: era impossível processar os números dentro da janela de previsão em si. Daria para elaborar um modelo que pudesse prever o tempo dentro das próximas 24 horas, mas seriam necessárias *36 horas* para executar os cálculos. Richardson sentiu que poderiam inventar dispositivos mecânicos que acelerariam o processo, mas seu tom não era lá muito esperançoso: "Talvez um dia, em um futuro distante, seja possível realizar os cálculos mais rapidamente e antecipar as condições meteorológicas a um custo menor do que a economia que as informações obtidas representam para a humanidade. Mas não passa de um sonho."[15]

Esses dispositivos mecânicos chegaram, é claro, e, nos anos 1970, as agências meteorológicas nacionais já elaboravam modelos de sistemas atmosféricos no computador, gerando previsões do tempo em questão de horas, não dias. Hoje em dia, ainda são ocasionalmente suscetíveis a cair em pontos cegos intricados (e, às vezes, fatais). Ainda é difícil mapear o comportamento de sistemas

VISIONÁRIOS

meteorológicos hiperlocais — como os tornados — com antecedência, mas é muito raro um tornado atingir um local sem um alerta regional com 24 horas de antecedência. Hoje, as previsões diárias são incrivelmente precisas de hora em hora. Mas o grande avanço se deu nas previsões de longo prazo. As previsões de dez dias eram praticamente inúteis há apenas uma geração. Para além das 48 horas, qualquer previsão entrava no âmbito pouco rigoroso do *Farmer's Almanac*. Atualmente, as previsões do tempo para os próximos dez dias superam de longe o acaso, em particular nos meses de inverno, quando os sistemas meteorológicos são maiores e, portanto, mais fáceis de projetar. Esse avanço não envolve apenas mais cálculos por segundo. Os novos modelos meteorológicos são muito mais precisos do que seus antecessores, porque contam com uma técnica inteiramente nova, que costuma ser chamada de previsão por conjunto. Em vez de medir as condições iniciais do tempo atual e prever uma sequência futura de eventos climáticos com base em "processos numéricos" como o proposto por Lewis Fry Richardson, as previsões por conjunto criam centenas ou milhares de previsões diferentes, e em cada simulação individual o computador altera levemente as condições iniciais — diminui um pouco a pressão aqui, aumenta a temperatura em alguns graus ali. Se noventa de cem simulações mostram que o furacão está ganhando velocidade e se movendo na direção nordeste, então os meteorologistas emitem uma previsão de alta probabilidade de que o furacão ganhe velocidade e se mova na direção nordeste. Se apenas 50% das simulações sugerem esse padrão, então eles emitem uma previsão incerta.

As pessoas ainda fazem piadas sobre a incompetência dos meteorologistas, mas, na verdade, graças à metatécnica das previsões por conjunto, elas têm se tornado cada vez mais precisas. Talvez um sistema caótico como o clima nunca possa ser completamente previsível para períodos mais longos do que algumas semanas, dado o número de variáveis e as complexas cadeias de influência que as conectam. Mas nossa capacidade de previsão se expandiu em um ritmo excepcional ao longo das últimas décadas. As previsões do tempo são tão onipresentes que quase nunca paramos para pensar sobre elas, mas o fato é que, nesta área específica, somos agora capazes de prever o futuro com uma precisão que teria surpreendido nossos avós. Em um sentido literal, essas simulações por conjunto, assim como os ensaios clínicos randomizados das pesquisas médicas, nos deram um novo poder de clarividência. Nossa capacidade de prever não depende mais apenas dos cenários hipotéticos da rede padrão. Temos estratégias e tecnologias que expandem nossa visão do futuro. A questão é: será que podemos aplicar essas ferramentas a outros tipos de decisão?

SIMULAÇÕES

Quando fazemos escolhas difíceis, estamos implicitamente fazendo previsões sobre o curso dos acontecimentos futuros. Quando decidimos construir um parque nos arredores de uma cidade em crescimento, estamos prevendo que o parque atrairá visitantes assíduos; que a cidade se expandirá para envolver o parque nos anos seguintes; que a substituição de espaços abertos por empreendimentos comerciais produzirá, em longo prazo, um resultado negativo para a cidade, à medida que as áreas verdes se tornam mais escassas. Nenhum desses resultados é predeterminado. São todos previsões, com margens de erro significativas. Então, quando vemos que outras formas de previsão — médica, digamos, ou meteorológica — alcançam um nível de precisão significativo, devemos prestar atenção. Pense nas raposas e nos ouriços de Tetlock. O fato de que os previsores sociais conside-

VISIONÁRIOS

raram mais útil ter um conjunto diversificado de interesses — e uma mente aberta para novas experiências — sugere uma lição que poderia ser diretamente aplicada no âmbito das escolhas pessoais. No estudo de Tetlock, a abordagem de banda estreita não só tornava os indivíduos indistinguíveis de chimpanzés que lançam dardos; tornava-os *piores*. Isso por si só já deveria ser uma lição valiosa: quando se trata de uma escolha difícil, o foco obstinado tem muito menos valor do que se acredita.

Pense nesses três tipos de previsão — as previsões médicas dos ensaios clínicos randomizados, as previsões climáticas dos meteorologistas e as previsões sociais de futuristas e especialistas — como três pacientes que sofrem de uma forma de miopia crônica que os impede de antever eventos futuros com precisão. Os dois primeiros pacientes haviam sofrido junto com o terceiro por toda a história da humanidade, até que um conjunto de novas ideias convergiu, no fim do século XIX e início do XX, e permitiu que aprimorassem seus poderes clarividentes de maneiras empiricamente verificáveis. As escalas de tempo eram diferentes: os ECRs nos permitem enxergar anos, até mesmo décadas, no futuro; os meteorologistas nos permitem ver uma semana. Ambos alcançaram algum tipo de limiar que transformou os ruídos das falsas profecias em sinais importantes, mas os previsores sociais não experimentaram uma evolução equivalente. Por quê?

Apesar de todas as diferenças, os ECRs e as previsões do tempo compartilham uma característica determinante. Ambos adquirem conhecimento sobre a questão que enfrentam — "Será que este remédio vai ajudar a tratar minha doença?", "Será que o furacão vai atingir a costa na terça-feira?" — por meio de diversas *simulações*. Em um ECR, essas simulações consistem em centenas ou milhares de outros pacientes com uma condição médica semelhante que recebem um medicamento ou um placebo. Numa previsão do

PREVER

tempo, as simulações são as centenas ou os milhares de modelos atmosféricos gerados por meio de uma previsão por conjunto, cada qual com pequenas variações nas condições iniciais. Os pacientes do ensaio clínico não são réplicas exatas de nós mesmos nem de nossa condição individual em toda a sua complexidade, mas chegam perto o suficiente e, como são numerosos, os padrões agregados nos dados nos dão informações úteis sobre os efeitos em longo prazo do medicamento que estamos considerando tomar.

As previsões sociais, por outro lado, não costumam ter o luxo de poder consultar realidades alternativas em que o prognóstico em questão — "Será que a União Soviética sobreviverá aos anos 1990?" — é simulado centenas de vezes. Essa é a chave para compreender por que nossas previsões médicas e meteorológicas desenvolveram tanta precisão assim, ao passo que nossas previsões sociais permaneceram muito turvas. Não é que as mudanças sociais ou tecnológicas sejam mais *complicadas* em termos de sistema — afinal de contas, a atmosfera da Terra é a própria definição de sistema complexo —, mas não costumamos ter acesso a simulações quando falamos de mudanças futuras no campo da geopolítica ou das invenções tecnológicas.

As simulações por conjunto são tão poderosas que, de fato, para fazer previsões úteis sobre seu comportamento futuro, não é necessário ter uma compreensão total de como o sistema funciona. Quando Austin Bradford Hill e sua equipe fizeram o experimento com a estreptomicina no fim dos anos 1940, eles não entendiam a biologia celular que explicava *por que* o antibiótico combatia a tuberculose como a medicina moderna entende hoje. Mas os ECRs lhes permitiram desenvolver o regime de tratamento mesmo assim, porque os dados que obtiveram ao administrar o medicamento (e um placebo) em centenas de pacientes possibilitaram que enxergassem um padrão nem sempre visível ao oferecer o medicamento para apenas um paciente.

VISIONÁRIOS

Graças às simulações, somos tomadores de decisões melhores, porque elas nos ajudam a prever eventos futuros mesmo quando o sistema que tentamos projetar contém milhares ou milhões de variáveis. Mas, é claro, é muito mais difícil explorar as decisões de grupos pequenos por meio de ensaios clínicos randomizados ou previsões por conjunto. Conseguiríamos prever melhor as vias de impacto de nossas escolhas profissionais se pudéssemos executar versões alternativas de nossa experiência em paralelo e fazer experimentos com diferentes opções e resultados. Rebobine a fita e pense na sua carreira outra vez — só que, agora, você e seus sócios decidem abrir um restaurante em um bairro diferente ou trocar o restaurante por uma butique. Como essa escolha específica muda o curso futuro de sua vida? Darwin previu que, ao se casar, reduziria sua cota de "conversas com homens inteligentes em clubes", mas, caso pudesse executar várias simulações de sua vida — em algumas, ele se casa com Emma; em outras, permanece solteiro —, teria uma noção melhor sobre aquele sacrifício, se de fato viraria realidade. As simulações nos tornam melhores previsores, e previsões bem-sucedidas nos tornam melhores tomadores de decisões. Como, então, podemos simular as escolhas pessoais ou coletivas que mais importam em nossa vida?

O JOGO

Na noite de 7 de abril de 2011, dois helicópteros *stealth* Black Hawk se aproximaram de um casarão de três andares, cercado por muros de concreto e arame farpado. Na calada da noite, um Black Hawk pairou sobre o telhado enquanto uma unidade do SEAL Team Six (ST6) desceu por uma corda até o topo da estrutura. Outro helicóptero posicionou uma unidade diferente no pátio. Poucos minutos depois, as unidades subiram novamente nos helicópteros e desapareceram na noite.

Ninguém disparou uma arma durante a operação e nenhum líder terrorista foi capturado, porque o imóvel em questão não ficava nos arredores de Abbottabad, mas em Fort Bragg, na Carolina do Norte. Enquanto o presidente Obama contemplava suas quatro opções de ataque ao esconderijo do Paquistão, a equipe de operações especiais, liderada pelo general William McRaven, havia começado a simular o ataque de helicóptero proposto. A maquete do casarão fora substituída por uma estrutura real, construída com as mesmas dimensões do imóvel e do terreno em Abbottabad. Se houvesse algo na estrutura da construção que inviabilizasse um ataque, McRaven gostaria de descobrir antes que Obama decidisse o plano final.

No entanto, mesmo com os detalhes arquitetônicos do casarão recriados, a simulação em Fort Bragg não foi capaz de reproduzir um elemento crítico do ataque real: a altitude e as temperaturas elevadas do nordeste do Paquistão. Assim, muitas semanas mais tarde, a mesma equipe se reuniu numa base em Nevada, a 1.200 metros acima do nível do mar — quase a elevação exata do local. Para este exercício, McRaven não se deu ao trabalho de construir toda uma estrutura simulada que representasse o esconderijo. Simplesmente empilharam alguns contêineres e os envolveram com cercas de arame que correspondiam mais ou menos aos muros de concreto. Esta simulação foi mais centrada nos helicópteros e em seu desempenho naquela altitude. "Na missão de verdade, os helicópteros teriam que voar por noventa minutos até chegarem a Abbottabad", escreve Mark Bowden. "Eles voariam muito baixo e muito rápido para evitar o radar paquistanês. Os planejadores da missão tiveram que testar precisamente o que os helicópteros podiam fazer naquela altitude e nas temperaturas previstas. Quanta

VISIONÁRIOS

carga os helicópteros seriam capazes de transportar e ainda continuar funcionando? A princípio, eles pensaram que poderiam ir e voltar sem reabastecer, mas as margens eram muito apertadas. Os helicópteros voltariam quase zerados. Portanto, era necessária uma área de abastecimento."[16]

É de se esperar que nossas forças militares ensaiem uma missão perigosa antes de embarcar nela. Mas os ataques simulados na Carolina do Norte e em Nevada se deram *antes* de Obama tomar a decisão de usar os Black Hawks para atacar o casarão. As forças de operações especiais não estavam simplesmente treinando para um ataque; estavam simulando o ataque a fim de entender melhor o que poderia dar errado uma vez que os Black Hawks adentrassem o espaço aéreo paquistanês. As simulações foram uma parte crucial do processo decisório. O que procuravam, em última análise, era alguma consequência imprevista de levar a cabo um ataque naquela situação específica. A famosa tentativa de resgatar os reféns do Irã em 1980 fracassou em parte porque os helicópteros se viram diante de uma intensa tempestade de areia chamada *haboob* — comum no Oriente Médio —, que danificou um dos helicópteros e, no fim das contas, fez com que abortassem a missão. Se McRaven permanecesse um defensor da opção SEAL Team Six, teria que explorar todas as formas possíveis pelas quais a missão poderia dar errado.

"Se tem algo que uma pessoa não pode fazer, não importa o quanto sua análise seja rigorosa ou o quanto sua imaginação seja heroica, é criar uma lista de coisas que jamais passariam por sua cabeça", observou certa vez Thomas Schelling, ganhador do Nobel. No entanto, as escolhas difíceis costumam exigir que façamos esse tipo de salto imaginativo: descobrir novas possibilidades que não se fizeram visíveis no momento em que começamos a remoer a decisão; abrir caminho, de alguma forma, em meio às incógnitas

116

desconhecidas que ficam à espreita, fora do nosso campo de visão. Brilhante economista e analista de política externa, Schelling tinha uma capacidade de "análise meticulosa" com que poucos conseguiam competir. Mas, em seus anos trabalhando com a RAND Corporation no fim dos anos 1950 e 1960, tornou-se defensor de uma forma menos rigorosa de pensar em nossos pontos cegos: os jogos.

Os jogos de guerra desenvolvidos por Schelling e seu colega de RAND Herman Kahn foram muito bem documentados por historiadores e outros cronistas da época. Eles levavam a todo tipo de resultados, desde a controversa teoria da Destruição Mútua Assegurada, que governou boa parte da estratégia militar da Guerra Fria, até a criação do "telefone vermelho", que estabelecia uma linha direta entre Washington e Moscou, e o Dr. Strangelove, personagem do filme clássico de Stanley Kubrick. Mas a tradição dos jogos de guerra tem uma origem muito mais antiga. Nas primeiras décadas do século XIX, uma equipe de oficiais militares prussianos composta de pais e filhos criou um jogo de dados chamado Kriegsspiel (cuja tradução literal em alemão é "jogo de guerra"), que simulava combates militares. O jogo se assemelhava a uma versão muito mais complexa de jogos modernos como War. Os jogadores posicionavam peões que representavam diferentes unidades militares em um mapa, e o jogo podia acomodar até dez jogadores trabalhando em diferentes equipes com um sistema de comando hierárquico dentro de cada uma. O Kriegsspiel tinha até mecanismos para contabilizar falhas de comunicação entre comandantes e tropas no campo, simulando a "névoa da guerra". Assim como o jogo de batalha-naval de hoje em dia, o Kriegsspiel era jogado em dois tabuleiros separados, então cada lado tinha um conhecimento incompleto das ações dos outros. Um "mestre de jogo" (*gamemaster*) — primeiro precedente dos Mestres dos Calabouços (*Dungeon Masters*) que surgiram nos jogos de fantasia

VISIONÁRIOS

dos anos 1970 — se deslocava para a frente e para trás entre os dois tabuleiros, supervisionando o jogo.

O Kriegsspiel passou a ser essencial no treinamento de oficiais do Exército prussiano. Versões traduzidas do jogo chegaram às Forças Armadas de outros países depois que uma série de vitórias militares sob o comando de Bismarck sugeriu que o jogo estava dando uma vantagem tática aos prussianos na batalha. No fim das contas, ele pode ter tido um papel nas desastrosas ações militares da Primeira Guerra Mundial. Os alemães utilizaram o Kriegsspiel para simular uma invasão à Holanda e à Bélgica antes de mirar nos franceses. "O jogo determinou que a Alemanha triunfaria contra a França", escreve o filósofo e artista conceitual Jonathon Keats, "contanto que houvesse uma rápida reposição de munições. Para este fim, a Alemanha construiu os primeiros batalhões de suprimentos motorizados do mundo, implantados em 1914. E o plano poderia ter funcionado de forma brilhante, se os únicos jogadores tivessem sido os Exércitos da Alemanha e da França".[17] Em vez disso, o jogo falhou em prever até que ponto os belgas sabotariam seu próprio sistema ferroviário (e, portanto, a rede de suprimentos alemã), e não tinha nenhum mecanismo para simular a diplomacia que, por fim, levaria os Estados Unidos ao conflito.

A Escola de Guerra Naval dos Estados Unidos conduzia jogos de guerra impressos em papel desde sua fundação, em 1884, mas na década após a Primeira Guerra Mundial, a Marinha elevou os jogos de guerra a outro patamar ao realizar uma série de conflitos simulados com o uso de aviões e navios de guerra de verdade (embora sem bombas e balas). Os exercícios — formalmente chamados de "Fleet Problems" (ou "Problemas de Frota") e seguidos de um numeral romano — exploravam tudo, desde a defesa do canal do Panamá até a ameaça crescente de ataques submarinos. O Fleet Problem XII, conduzido no ano de 1932 numa vasta extensão do oceano —

do Havaí a San Diego, e seguindo pelo norte até Puget Sound —, simulou um ataque aéreo às bases militares dos Estados Unidos no Pacífico. O exercício evidenciou a vulnerabilidade das forças norte--americanas perante um "agressor determinado" no oeste do país, e indicou que seis a oito grupos de batalha de porta-aviões seriam necessários para montar uma defesa adequada.[18] O conselho foi ignorado, em grande parte devido às restrições orçamentárias da Grande Depressão. Mas a previsão se revelaria tragicamente precisa no dia 7 de dezembro de 1941. Se os militares tivessem sido bem sucedidos em colocar em prática a lição do Fleet Problem XIII, o ataque japonês a Pearl Harbor poderia facilmente ter fracassado — ou nem haveria uma tentativa para início de conversa.

Nem todos os jogos de guerra eram bolas de cristal perfeitas. Mas, como exercício mental, funcionavam de forma muito parecida com ensaios clínicos randomizados ou previsões do tempo por conjunto. Eles criaram uma plataforma em que era possível ensaiar as decisões diversas vezes, adotando diferentes estratégias em cada rodada. Por conta da natureza colaborativa das jogadas — mesmo que se tratasse de um jogo competitivo de soma zero —, novas possibilidades e configurações poderiam se fazer visíveis graças às jogadas inesperadas que o oponente colocava na mesa. Os jogos de guerra começaram com um mapa — uma das principais inovações que diferenciaram o Kriegsspiel de jogos militares metafóricos, como o xadrez, é que utilizava um mapa topográfico real do campo de batalha —, mas a verdadeira revelação do jogo surgiu graças à forma com que forçava os jogadores a *explorar* esse mapa, a simular todas as possíveis batalhas entre exércitos adversários naquele espaço. Nas palavras de Schelling, não se pode criar uma lista de coisas que jamais ocorreriam. Mas podemos *jogar* com esse tipo de lista. Se o Kriegsspiel tivesse sido inventado — e se popularizado — um século antes, não é difícil imaginar que

VISIONÁRIOS

Washington poderia ter previsto com sucesso o ataque britânico pelo Jamaica Pass. As simulações do jogo de guerra poderiam ter compensado muito bem a perda de conhecimento da região que veio como consequência do adoecimento de Nathanael Greene.

Historicamente, os jogos têm sido usados como guia para a tomada de decisões complexas, principalmente no campo militar, mas têm um potencial muito mais amplo como ferramenta. Após participar de alguns jogos de guerra patrocinados pela RAND que simulavam o conflito no Leste Asiático, o então procurador-geral Robert Kennedy questionou se não era possível desenvolver um jogo semelhante para ajudar a compreender as opções do governo Kennedy na promoção dos direitos civis no sul dos Estados Unidos. (O projeto, infelizmente, caiu após o assassinato de seu irmão.) Pouco depois, Buckminster Fuller propôs o desenvolvimento de uma espécie de versão oposta dos jogos de guerra do Pentágono: um "jogo da paz mundial" que precedeu videogames futuros, como *Civilization* ou *SimCity*. O jogo foi desenvolvido para ser jogado em um mapa especial que poderia monitorar tudo, desde correntes oceânicas até rotas comerciais. As regras eram distintas das de soma zero, explicitamente projetadas para estimular a colaboração, não o conflito. "O objetivo do jogo seria explorar maneiras de possibilitar que todo e qualquer membro da família humana desfrutasse de toda a Terra, sem que nenhum ser humano interferisse na vida de outro, e sem que qualquer indivíduo tirasse vantagem de outro", escreveu Fuller. "Para ganhar o World Game, todos precisavam se sair fisicamente bem-sucedidos. Todo mundo deveria ganhar."[19] Fuller viu o jogo como uma espécie de alternativa aos mecanismos indiretos de tomada de decisões do processo democrático. Em vez de eleger líderes para tomar decisões, cidadãos comuns simulariam, por meio do jogo, os desafios que eles enfrentavam. As estratégias "vencedoras" — em outras palavras, estratégias que levassem a resultados positivos para todos — seriam então traduzidas em programas reais.

Parece haver um mérito genuíno na utilização de jogos para despertar novas ideias e explorar o espaço das possibilidades de uma decisão particularmente desafiadora. Por outro lado, parece ser mais difícil imaginar como aplicar a abordagem dos jogos nas decisões pessoais de um indivíduo — desenvolver um jogo, por exemplo, para ensaiar aquela possível mudança para o subúrbio. Mas quase toda decisão pode ser ensaiada de modo produtivo com outra forma ainda mais antiga de escapismo: as narrativas.

PLANEJAMENTO DE CENÁRIOS

Em meados dos anos 1970, o ativista ambiental e empresário ocasional Paul Hawken trabalhava numa ONG em Palo Alto que ensinava técnicas de "jardinagem intensiva" a países em desenvolvimento como forma de combater deficiências nutricionais e de vitamina A. Hawken tinha morado no Reino Unido por um tempo e visto como os jardineiros ingleses costumavam utilizar ferramentas de maior qualidade em relação às dos norte-americanos. "Americanos com dinheiro estavam comprando ferramentas baratas", lembraria Hawken mais tarde, "e os mais pobres compravam o que chamamos de ferramentas caras, mas cujo preço era compensado considerando--se o seu tempo de duração". Hawken percebeu que as ferramentas poderiam ser úteis para as iniciativas da ONG; então, encomendou um contêiner inteiro de uma empresa britânica chamada Bulldog Tools; mas, quando o material chegou, o líder da ONG havia mudado de ideia, e Hawken se viu em posse de um contêiner repleto de ferramentas de jardinagem de alto nível sem nenhuma solução óbvia para se livrar delas. No fim das contas, ele se juntou ao amigo

VISIONÁRIOS

Dave Smith para criar uma empresa chamada Fundamental Tools, que venderia os produtos importados do Reino Unido aos jardineiros de Bay Area. Em pouco tempo, a dupla mudou o nome do empreendimento para Smith and Hawken, porque "soava bastante britânico, antigo e confiável".

Conforme a empresa foi crescendo, eles começaram a pensar se conseguiriam alcançar um público maior. O desafio era o fato de as ferramentas serem significativamente mais caras — com preços até três vezes mais altos — do que os consumidores norte-americanos estavam acostumados a pagar. Será que haveria um mercado grande o suficiente de pessoas dispostas a desembolsar 30 dólares por uma pá quando passaram a vida inteira pagando apenas 10? Um dos investidores que eles abordaram na época foi um residente de Bay Area chamado Peter Schwartz, que mais tarde viria a escrever uma série de livros influentes e a cofundar organizações como a Global Business Network e a Long Now Foundation. Schwartz era um praticante experiente de uma técnica conhecida como planejamento de cenários, uma ferramenta de tomada de decisões desenvolvida na Royal Dutch Shell no fim dos anos 1960 por Pierre Wack e Ted Newland. (Schwartz viria a substituir Wack na Shell após sua aposentadoria, em meados dos anos 1980.) O planejamento de cenários é, acima de tudo, uma arte narrativa. Ele foca nas incertezas que inevitavelmente acompanham uma decisão complexa e força os participantes a imaginarem múltiplas versões de como esse futuro incerto pode se desenrolar. Sabe-se que Wack fez uso do planejamento de cenários na Shell para prever a crise do petróleo em meados dos anos 1970. Mais tarde, Schwartz usaria a mesma técnica para avaliar as perspectivas do negócio de ferramentas de jardinagem da Smith and Hawken. Montar esses cenários exige um mapeamento de espectro completo. Ele analisou os padrões de migração urbana *versus* suburbana que poderiam

PREVER

afetar o tamanho do mercado de jardineiros; observou o surgimento de uma tendência no comportamento do consumidor dos Estados Unidos, em que parecia haver um interesse recente por marcas europeias caras, como BMW ou Bang & Olufsen; analisou as possibilidades macroeconômicas; e pesquisou movimentos à época marginalizados, como a agricultura orgânica e o ativismo ambiental. Mas ele combinou todas essas pesquisas em três histórias distintas, imaginando três futuros diferentes — um modelo de alto crescimento, um modelo de depressão e o que chamou de modelo transformativo: "Uma mudança de valores que levaria a uma profunda transformação da cultura ocidental. Começaram a circular ideias sobre uma vida mais simples e favorável ao meio-ambiente, sobre medicina holística e alimentos naturais, sobre priorizar o crescimento interior em vez de posses materiais e sobre lutar por algum tipo de consciência planetária." A estrutura em três partes é conhecida no planejamento de cenários: constrói-se um modelo em que as coisas melhoram, um em que pioram, e outro em que ficam esquisitas.

No fim das contas, Schwartz decidiu que o futuro da empresa era promissor, independentemente de qual cenário acontecesse, e fez um pequeno investimento no negócio, que logo passou a vender milhões de dólares em espátulas sofisticadas para jardineiros norte-americanos. Hawken e Schwartz começaram a pensar sobre a técnica de planejamento de cenários como uma ferramenta útil para tomar decisões sociais mais abrangentes: gestão ambiental, políticas fiscais e de distribuição da riqueza, acordos comerciais. Com um terceiro autor chamado Jay Ogilvy, eles publicaram um livro no início dos anos 1980 chamado *Seven Tomorrows* [Sete amanhãs, em tradução livre], que traçava sete cenários diferentes para as duas décadas seguintes. Na introdução, eles explicavam sua abordagem: "Em meio aos vários métodos para examinar o futuro

VISIONÁRIOS

— de elaborados modelos de computador a simples extrapolações da história —, escolhemos o método do cenário porque permite a inclusão de realismo e imaginação, abrangência e incerteza, e, acima de tudo, porque possibilita uma verdadeira pluralidade de opções."[20] O que diferenciava a abordagem do planejamento de cenários da maioria das formas de futurismo era sua recusa em se fixar numa única previsão. Ao se forçarem a pensar em alternativas, os planejadores de cenário evitavam a armadilha dos ouriços de Tetlock, apegados à sua única grande ideia. Assim como os jogos de guerra de Schelling, o planejamento de cenários era uma ferramenta útil para pensar em algo que jamais pensaríamos.

Na cultura corporativa, o planejamento de cenários construiu sua reputação a partir da mitologia das previsões acertadas que fizeram sucesso, como Pierre Wack "declarando" a crise do petróleo três anos antes de a Opep aumentar repentinamente o preço dos barris. Mas a ênfase nas profecias bem-sucedidas acaba por perder o foco da questão. A maioria dos cenários não consegue prever resultados futuros, mas o simples ato de tentar imaginar alternativas à visão convencional nos ajuda a perceber nossas opções com mais clareza. O verdadeiro propósito do planejamento de cenários não é ser consultado para uma previsão *precisa* de acontecimentos futuros. Em vez disso, nos prepara para resistir à "falácia da extrapolação". Wack descreveu esta propriedade com base no caos que determina o ambiente empresarial moderno, mas o princípio também se aplica ao caos da vida particular:

> A maneira de solucionar este problema não é buscar melhores previsões com o aperfeiçoamento de técnicas ou a contratação de analistas mais competentes. Existem muitas forças que atuam contra a possibilidade de chegarmos à previsão correta. O futuro não é mais estável; é um alvo

em movimento. Não se pode deduzir uma única projeção "correta" a partir de comportamentos passados. A melhor abordagem, creio eu, é aceitar a incerteza, tentar compreendê-la e incluí-la em nosso raciocínio. Hoje em dia, a incerteza não é apenas um desvio ocasional e temporário de uma previsibilidade razoável; é uma característica estrutural básica do ambiente empresarial.[21]

Toda decisão depende de previsões com graus variados de certeza. Se você está pensando em se mudar para uma casa no subúrbio que faz fronteira com um parque com extensas trilhas para caminhada, é possível prever com alguma certeza que o acesso à área natural será parte dos atrativos da casa caso escolha comprá-la. Se você está considerando uma hipoteca de trinta anos com juros fixos, pode projetar os pagamentos mensais que deverá fazer com ainda mais convicção. Se você tem alguma informação sobre a reputação geral da escola do bairro, pode se sentir razoavelmente confiante de que esses padrões acadêmicos gerais se manterão pelos anos seguintes, embora seja mais difícil saber ao certo como seus filhos vão se adaptar à nova escola. Um estudo com base em cenários de uma possível mudança para o subúrbio selecionaria os elementos mais incertos e imaginaria diferentes resultados para cada um deles. É, em sua essência, uma espécie de narrativa bem informada, e é claro que a narrativa é algo que fazemos instintivamente toda vez que nos encontramos diante de uma grande decisão. Se estamos propensos a viver no subúrbio, criamos uma história sobre caminhadas em família pelas trilhas perto de casa, escolas públicas melhores e um jardim de que podemos cuidar com ferramentas importadas. A diferença da narrativa do planejamento de cenários se divide em dois fatores: primeiro, raras são as vezes em que tiramos um tempo para fazer

VISIONÁRIOS

uma análise de espectro completo de todas as forças que atuam sobre a história; e, segundo, quase nunca nos damos ao trabalho de elaborar *mais de uma* história. Como a narrativa se desenrola se as crianças não gostarem de seus colegas de classe, ou se uma parte da família amar o novo estilo de vida, enquanto a outra sentir falta da vitalidade e dos velhos amigos da cidade grande?

Como Wack sugere, não podemos apenas analisar a incerteza até que ela desapareça. Ela é, em um nível fundamental, uma propriedade irredutível dos sistemas complexos. O que o planejamento de cenários — e as simulações em geral — nos oferece é uma maneira de ensaiar essas incertezas. Isso nem sempre nos dá um caminho definitivo, mas nos prepara para os diversos desvios de trajetória inesperados que o futuro pode tomar. "Uma prática de cenário contínua pode fazer com que os líderes se sintam confortáveis com as ambiguidades de um futuro em aberto", escreve Wack. "Ela pode combater a arrogância, expor suposições que, caso contrário, permaneceriam implícitas, contribuir para interpretações compartilhadas e sistêmicas e promover uma rápida adaptação em momentos de crise."[22]

Grande parte do processo decisório que levou à operação Bin Laden se concentrou em simular a execução do ataque em si, minuto a minuto: os helicópteros precisariam de reabastecimento? A unidade do SEAL Team Six poderia ser implantada com sucesso no telhado do casarão? Nos meses e anos seguintes à operação, boa parte da cobertura da imprensa se ateve àqueles perigosos minutos no Paquistão, à coragem e ao pensamento rápido dos homens que participaram da operação. Nos bastidores, porém, o governo Obama não estava apenas executando simulações do ataque em si. Eles também exploravam cenários de longo prazo — os efeitos derivados de cada opção disponível. Assim, Obama e sua equipe também estavam aprendendo com os erros do governo Bush, que falhou notoriamente em planejar cenários para uma longa e combativa ocupação do Iraque, preferindo, em vez disso, trabalhar com base na suposição de Dick Cheney de que os norte-americanos seriam "recebidos como libertadores" pela população iraquiana.

Para Obama e seus conselheiros, um dos principais cenários envolvia a questão crucial do que fazer com o próprio Bin Laden, partindo do princípio de que ele seria descoberto no local. Será que as equipes de operações especiais deveriam tentar capturá-lo vivo? Se fosse o caso, qual seria o plano a partir daí? O presidente acreditava ser uma oportunidade de desfazer muitas das decisões questionáveis de seu antecessor, com os programas de detenção em Guantánamo e outros locais de extradição, levando Bin Laden a julgamento em um tribunal público nos Estados Unidos. "Minha ideia era que, caso o capturássemos, eu estaria numa posição muito forte politicamente para argumentar que estávamos cumprindo devidamente o protocolo e que a exibição do processo e o respeito ao Estado de Direito eram nossa melhor arma contra a al Qaeda, para impedi-lo de se tornar um mártir", explicou Obama mais tarde.[23] Esse cenário, é claro, eliminaria o ataque de drones e o bombardeio B-2, duas operações com um único objetivo: matar Osama bin Laden. As preocupantes consequências de longo prazo dessas duas operações eram de naturezas diferentes: caso varressem o casarão do mapa com um bombardeio, não haveria nenhuma prova direta de que Bin Laden estaria, de fato, sem vida. Mesmo que os Estados Unidos interceptassem conversas de dentro da al Qaeda que sugerissem que seu líder estava morto, rumores e teorias da conspiração sobre sua sobrevivência poderiam se espalhar com o passar dos anos. Para fazer a escolha certa, não era suficiente simular o ataque ou o bombardeio na escala de minutos e horas, porque as consequências dessas ações inevitavelmente reverberariam por anos. Eles tiveram que imaginar uma narrativa muito mais extensa. O tempo presente do ataque ao casarão foi perseguido por seus possíveis futuros.

PRE-MORTEMS E RED TEAMS

Boa parte do planejamento de cenários é, em última análise, uma arte narrativa. Partimos da névoa imprevisível dos eventos futuros e a transformamos numa imagem coerente: o mercado de ferramentas de jardinagem sofisticadas vai se expandir à medida que o materialismo domina a cultura; os paquistaneses vão nos expulsar de seu espaço aéreo após descobrirem nossa traição. O problema, evidentemente, é que os contadores de histórias sofrem de viés de confirmação e excesso de confiança assim como todos nós. Nosso cérebro naturalmente projeta resultados que se adequam ao modo como achamos que o mundo funciona. Para evitar essas armadilhas, é preciso driblar a mente e considerar narrativas alternativas, enredos que possam enfraquecer nossas suposições, não as confirmar.

Em sua própria experiência como conselheiro de tomadores de decisões, Gary Klein — o criador do famoso estudo de caso sobre o incêndio no porão — desenvolveu uma variação interessante do modelo de planejamento de cenários, que exige muito menos pesquisa e deliberação. Ele a chama de *pre-mortem*. Como o nome sugere, a técnica é uma distorção do procedimento médico de análise *post mortem*. Numa autópsia, o sujeito está morto, e a função do médico-legista é descobrir a causa da morte. Em um *pre-mortem*, a ordem é invertida: o médico-legista deve imaginar que o sujeito *vai morrer* e, então, pensar nas causas que serão responsáveis pela futura morte. "Nosso exercício", explica Klein, "é pedir que os planejadores imaginem que estamos meses à frente e

PREVER

que seu plano foi executado. E falhou. Isso é tudo o que sabem; eles devem explicar por que acham que o plano deu errado".[24]

A abordagem de Klein baseia-se em algumas pesquisas psicológicas intrigantes que descobriram que as pessoas oferecem explicações mais sutis e detalhadas quando expostas a um possível evento futuro e instruídas a explicá-lo como se tivesse ocorrido de verdade. Em outras palavras, se simplesmente perguntarmos às pessoas o que vai acontecer — e por quê —, seus modelos explicativos apresentam menos nuance e imaginação do que se disséssemos a elas que *x* certamente acontecerá e lhes pedíssemos para explicar o motivo. Na experiência de Klein, o *pre-mortem* provou ser um modo muito mais eficaz de descobrir as possíveis falhas numa decisão. Toda uma série de hábitos cognitivos — da falácia da extrapolação ao excesso de confiança e o viés de confirmação — costuma nos cegar para as armadilhas em potencial de uma decisão, uma vez que nos comprometemos com ela. Não basta simplesmente se perguntar: "Será que deixei de ver alguma falha neste plano?" Ao nos forçarmos a imaginar cenários em que a decisão vem a ser desastrosa, é possível contornar esses pontos cegos e essa falsa sensação de confiança.

Assim como na etapa de mapeamento, as previsões do planejamento de cenários funcionam melhor quando lançam mão de diversas formas de conhecimento e valores. Mas existem alguns limites inevitáveis no tipo de pontos de vista externos que podemos incorporar a essas sessões deliberativas. Não há dúvida de que as discussões internas que levaram ao ataque a Bin Laden teriam se beneficiado da inclusão de um oficial paquistanês de verdade no processo decisório. Sua narrativa imaginada poderia ter sido bem diferente daquela contada pelos analistas da CIA. Ao estudarmos o lançamento de um novo produto, teoricamente pode ser útil ter a ajuda de um gerente de produto do nosso concorrente direto no

VISIONÁRIOS

planejamento de cenários dos próximos cinco anos de evolução do mercado, mas, na prática, é inviável convidá-lo para uma reunião.

Mas as próprias perspectivas externas podem ser simuladas. Os militares têm um longo histórico de utilização do que convencionalmente é chamado de *red teams* (equipes vermelhas): uma espécie de versão sistemática do advogado do diabo, em que um grupo de dentro da organização recebe a função de emular o comportamento de um inimigo. Os *red teams* remontam aos jogos de guerra originais, como o Fleet Problem XIII, mas ganharam vida nova nas Forças Armadas desde que um relatório de força-tarefa do Defense Science Board de 2003 recomendou que a prática fosse mais amplamente empregada na esteira dos ataques do 11 de Setembro. Podemos pensar em um *red team* como uma espécie de mistura entre jogos de guerra e planejamento de cenários: basta traçar alguns caminhos de decisão com resultados imaginários, convidar alguns de nossos colegas a se colocarem no lugar de nossos inimigos ou competidores no mercado e idealizar respostas imaginárias.

Os *red teams* foram parte integral da caça a Bin Laden. Os oficiais recorreram deliberadamente a eles a fim de evitar os pontos cegos e vieses de confirmação que prejudicaram decisões como a investigação sobre armas de destruição em massa no Iraque. Mike Leiter, chefe do Centro Nacional de Contraterrorismo, havia, na verdade, escrito boa parte do relatório oficial sobre o fiasco das armas de destruição em massa e suas raízes, e estava particularmente ávido por não repetir os mesmos erros. No fim de abril, enquanto o SEAL Team Six ensaiava a operação de Abbottabad no deserto de Nevada, Leiter organizou um exercício de *red team* para explorar narrativas alternativas que pudessem explicar o misterioso casarão *sem* que Bin Laden morasse lá de verdade. A certa altura, Leiter disse a John Brennan: "É melhor que não nos coloquemos na situação em que uma comissão sobre armas de destruição em

PREVER

massa venha e nos diga: 'Não houve um teste de *red team* aqui.'
Eu escrevi esse capítulo, John."[25]

O *red team* que Leiter reuniu incluía dois novos analistas que
não tinham nenhum tipo de envolvimento com a investigação,
para que oferecessem um novo olhar ao projeto. Ele lhes deu 48
horas para apresentarem possibilidades que pudessem ser coerentes
com os fatos presentes. Eles levantaram três cenários: Bin Laden
já estivera na casa, mas não morava mais lá; tratava-se de um
esconderijo ativo da al Qaeda, mas era ocupado por outro líder
da organização; ou pertencia a um criminoso, sem relação com
terrorismo, para quem al-Kuwaiti passara a trabalhar. Ao final
do exercício, solicitou-se que a equipe avaliasse as probabilidades
de cada cenário, incluindo a quarta hipótese, de que Bin Laden
estava, de fato, no casarão. A média das avaliações do *red team*
apontava para menos de 50% de chance de que Bin Laden estivesse
lá — mas eles também concluíram que a opção com Bin Laden era
mais provável do que qualquer um dos outros cenários individuais.

É claro que, em se tratando de exercícios militares, os *red teams*
podem envolver simulações mais ativas do que simplesmente se
sentar numa sala de reuniões e imaginar histórias. McRaven desenvolveu *red teams* elaborados para simular respostas possíveis tanto
dos residentes do casarão quanto dos militares paquistaneses, no
caso de detectarem os helicópteros durante a incursão no espaço
aéreo do Paquistão. De acordo com Peter Bergen, a operação
passou por "constantes exercícios de *red teams*" para simular as
defesas que os SEALs haviam encontrado em outras situações
parecidas: "Mulheres armadas, pessoas que escondiam bombas
debaixo dos pijamas, insurgentes escondidos em 'tocas de aranha'
e até mesmo edifícios inteiramente equipados com explosivos."
Ao fim do exercício, um colega observou: "McRaven tinha uma
alternativa para todas as falhas possíveis, e uma alternativa para a

VISIONÁRIOS

falha da alternativa, e uma alternativa para a falha da alternativa da alternativa."[26]

É verdade que as pessoas têm uma tendência natural a tentar prever objeções ou possíveis pontos de falha quando se veem diante de decisões desafiadoras. É muito comum escutar a frase "vamos fazer o papel de advogado do diabo por um instante" em salas de reunião ou em conversas casuais. A diferença de estratégias como *pre-mortem* e *red team* se dá na natureza formal do processo: dar às pessoas uma tarefa específica e uma identidade para interpretar. Não basta perguntar a alguém: "Você consegue pensar em algum jeito de este plano dar errado?" *Pre-mortems* e *red teams* nos forçam a assumir uma nova perspectiva, ou levar em conta uma narrativa alternativa, que poderia não vir à mente com tanta facilidade em poucos minutos de uma defesa do diabo casual. De certa forma, o processo é semelhante à estratégia de atribuir papéis de especialista, que exploramos na etapa de mapeamento da decisão. Ao assumirmos uma nova identidade, vendo o mundo por um ponto de vista simulado, vemos também novos resultados.

Experimentar diferentes identidades é mais do que um simples modo de revelar novas oportunidades ou armadilhas. Escolhas difíceis costumam ser difíceis porque têm um impacto significativo na vida de outras pessoas; portanto, nossa capacidade de imaginar esse impacto — avaliar as consequências emocionais e materiais a partir do ponto de vista de outra pessoa — torna-se um talento essencial. Uma nova pesquisa sugere que esse tipo de projeção psicológica é parte do que a rede padrão do cérebro faz durante um devaneio. Quando simulamos possíveis futuros em nossa mente errante, costumamos mudar a câmera mental de uma consciência para a outra sem sequer percebermos, testando diferentes cenários e as reações emocionais que eles podem provocar. Enquanto dirigimos para o trabalho e pensamos numa nova oportunidade

PREVER

de emprego, nossa mente corta para a imagem do chefe reagindo à notícia. É uma fantasia, uma simulação, porque se trata de um evento que ainda não aconteceu. Mas o trabalho que envolve essa fantasia é verdadeiramente sublime. Nós mapeamos todos os motivos pelos quais podemos considerar deixar o emprego atual *e* mapeamos todos os motivos pelos quais nosso chefe pode ficar surpreso ou magoado (ou ambos) com a notícia, além de elaborarmos uma previsão mental de que tipo de reação a colisão dos dois mapas poderia desencadear nele. Trata-se de um modo de simulação mental bastante rico e complicado, mas fazemos esses cálculos tão rapidamente que nem lhes damos valor.

No entanto, alguns se saem melhor do que outros. E essa habilidade de mudar nossa imaginação de uma perspectiva para outras pode ser um dos atributos essenciais de uma mente com visão de futuro. Parte de ser um tomador de decisões inteligente envolve ter uma mente aberta o bastante para perceber que outras pessoas talvez tenham uma linha de pensamento diferente a respeito da escolha. Lembre-se de Lydgate pensando em como os fofoqueiros de Middlemarch reagiriam à sua decisão de qual pastor apoiar. Lydgate em si estava acima de qualquer mexerico, mas ele é perspicaz o suficiente para entender que a aprovação da cidade fará uma diferença caso ele faça a escolha errada, uma vez que seu trabalho como médico local depende de ser benquisto na comunidade. A mente de Lydgate muda sem esforço de um questionamento egocêntrico — "De que candidato eu gosto mais?" — para um referencial externo: "O que os fofoqueiros da cidade pensarão de mim se eu escolher o candidato do meu patrocinador como pastor?" Nesse momento, ele faz uma simulação rudimentar não apenas das consequências de sua escolha, mas de algo mais notável: uma simulação de outras mentes, com suas próprias peculiaridades, suas obsessões e seus valores.

133

VISIONÁRIOS

Essa mudança de perspectiva teve um papel fundamental no que sem dúvida foi a parte mais impressionante do planejamento de cenários de longo prazo na caça a Bin Laden. Um ataque a um imóvel privado levantava uma série de questões logísticas: como determinar quem está lá dentro? Devemos capturar ou matar Bin Laden? Mas também levantou uma dúvida que exigiu que a equipe se aventurasse fora da perspectiva norte-americana padrão: o que os paquistaneses pensarão se nós executarmos um ataque dentro de suas fronteiras sem primeiro alertá-los? Embora ainda levassem em conta um ataque coordenado com as forças do Paquistão, em geral pensava-se nesta como a opção menos atraente, dado o risco de o plano vazar de alguma maneira e alertar Bin Laden de que seu esconderijo estava comprometido. Um ataque furtivo com Black Hawks pelo espaço aéreo paquistanês apresentava um diferente tipo de risco. Em primeiro lugar, os helicópteros poderiam ser detectados — e potencialmente derrubados — pelas forças do Paquistão, embora McRaven e sua equipe acreditassem ser possível entrar e sair sem que as patrulhas paquistanesas os notassem. O verdadeiro risco estava no que podia acontecer depois. O Paquistão, afinal, era ao menos teoricamente aliado dos Estados Unidos na guerra ao terror. Os Estados Unidos confiaram nas boas graças do governo paquistanês para entrar com suprimentos no Afeganistão, um país sem acesso ao mar. Mais de trezentos voos diários eram autorizados em território paquistanês para o transporte de suprimentos e reforços para as tropas dos Estados Unidos da Otan no Afeganistão. Uma vez que os paquistaneses descobrissem que os Estados Unidos haviam invadido seu espaço aéreo para atacar uma residência de subúrbio sem autorização — sobretudo se a residência *não* fosse, no fim das contas, o lar de tal líder terrorista —, restaria saber se eles continuariam a conceder aos Estados Unidos e seus aliados o mesmo acesso.

PREVER

Em 21 de março de 2011, semanas antes de McRaven dar início aos seus ataques simulados em Fort Bragg e meses antes de Obama tomar a decisão final de enviar o SEAL Team Six, o secretário de defesa Robert Gates anunciou uma nova parceria para fortalecer a chamada Northern Distribution Network, uma rota para o Afeganistão que partia de portos no Mar Báltico e passava pela Rússia e outros países — e que, acima de tudo, contornava todo o Paquistão. Ninguém se deu conta na época, mas essa rede de distribuição expandida foi um resultado direto do planejamento de cenário com mudança de perspectiva por trás do ataque a Bin Laden.[27] Por mais que conseguissem capturar seu alvo, o governo percebeu que as consequências para as relações entre Paquistão e Estados Unidos poderiam ser catastróficas, o que ameaçaria uma rota vital da qual dependiam as tropas norte-americanas e aliadas imersas em combate ativo. Portanto, eles se dedicaram a garantir que outra rota estaria disponível caso este cenário, de fato, virasse realidade.

* * *

No fim das contas, os exercícios preditivos que moldaram a missão Bin Laden revelaram-se tão completos quanto os exercícios de mapeamento. Para montar um conjunto coerente de cenários, era necessário pensar como um meteorologista, avaliando o impacto do calor do deserto e a altitude dos helicópteros. Eles tiveram que estudar os mínimos detalhes arquitetônicos do casarão para determinar como os SEALs poderiam entrar com sucesso. Tiveram que debater a questão jurídica de realizar ou não, e onde se daria o julgamento de Bin Laden, caso fosse capturado com vida. Tiveram de imaginar os mitos e as teorias da conspiração que surgiriam se o líder da al Qaeda fosse imolado por um bombardeio B-2 e não restasse nenhuma prova de sua morte. Tiveram que se colocar no

VISIONÁRIOS

lugar do governo paquistanês e imaginar que tipo de resposta uma violação de seu espaço aéreo poderia desencadear. Coletaram DNA dos parentes de Bin Laden para que tivessem evidências genéticas que identificassem seus restos mortais. Tiveram até mesmo de estudar os rituais de sepultamento islâmicos para que pudessem se desfazer do corpo de Bin Laden de modo a não ofender os muçulmanos moderados. Pressão atmosférica, lei internacional, costumes religiosos, a inclinação de um telhado, impressões digitais genéticas, repercussões geopolíticas negativas — todas essas variáveis e outras mais fizeram parte dos cenários traçados no fim da primavera de 2011. Eles contaram histórias que imaginavam diferentes resultados; reuniram *red teams* que desafiassem suas suposições. No início de maio, as divergências de todas essas diferentes perspectivas e possibilidades haviam atingido seus limites lógicos. A decisão fora mapeada, as opções, identificadas, e os cenários, planejados. Era hora de decidir.

3

DECIDIR

Mapear, prever e simular são questões que pouco têm a ver com a *decisão*. Depois de mapear o quadro geral, determinar uma ampla gama de opções possíveis e simular os resultados dessas opções com o máximo de certeza, como, então, escolhemos?

Desde que Ben Franklin explicou sua "álgebra moral" a Joseph Priestley, as pessoas têm criado sistemas cada vez mais elaborados para julgar decisões com base em algum tipo de cálculo. O próprio Priestley teve um papel determinante numa das estratégias mais influentes. Alguns anos antes de escrever sua carta a Franklin, Priestley publicou um tratado político que sugeria uma abordagem diferente para dar a última palavra em decisões de grupo, como a criação de leis e regulamentos: "É necessário que se entenda", escreveu ele, "que todas as pessoas vivem em sociedade para seu benefício mútuo; assim, o bem e a felicidade de seus membros, ou seja, a maioria dos membros de qualquer Estado, é a grande norma pela qual tudo o que se relaciona a esse Estado deve, por fim, ser determinado."[1] Algumas décadas depois, essa citação plantaria a

VISIONÁRIOS

semente de uma ideia na mente do filósofo político Jeremy Bentham, que a utilizou como pilar da ideologia utilitarista que viria a ser um dos ideais políticos mais influentes do século XIX. As decisões morais — tanto públicas quanto privadas — devem se basear em ações que resultem "na maior felicidade ao maior número de pessoas", como na famosa frase de Bentham. O problema de fazer o bem no mundo era um problema que poderia, pelo menos em teoria, ser resolvido por uma espécie de censo emocional de todos aqueles ligados a uma determinada escolha.

"A maior felicidade ao maior número de pessoas" parece um clichê um tanto vago, mas o objetivo de Bentham era tentar calcular esses valores com o máximo de precisão possível. A princípio, ele dividiu nossa experiência de mundo em duas grandes categorias:

> A natureza colocou a humanidade sob o governo de dois mestres soberanos: a dor e o prazer. Cabe apenas a eles indicar o que devemos fazer, bem como determinar o que podemos fazer. De um lado, o padrão de certo e errado e, de outro, a cadeia de causas e efeitos estão presos ao seu trono. Eles nos governam em tudo que fazemos, em tudo que dizemos, em tudo que pensamos: cada esforço que fazemos para nos livrar de nossa sujeição servirá apenas para demonstrá-la e confirmá-la.[2]

No fim das contas, Bentham reconheceu que havia subcategorias de dor e prazer que deveriam ser incluídas na equação: a intensidade desses sentimentos; a duração da experiência; o nível de certeza do resultado; a proximidade da dor ou do prazer com a ação que os desencadeou; a "fecundidade" da experiência — em outras palavras, a probabilidade de originar mais experiências de dor ou prazer —, a pureza da experiência e o número total de pes-

DECIDIR

soas afetadas pela decisão. Um utilitarista confrontava uma decisão elaborando uma espécie de mapa mental de todas as ondas de dor e prazer que surgiriam das várias opções em discussão. A escolha moral seria aquela que levasse ao maior aumento na soma total da felicidade humana.

A clareza dessa fórmula — assim como a escolha racional da economia clássica — fica inevitavelmente nebulosa quando confrontada com as decisões do mundo, por todos os motivos que já exploramos. É fácil imaginar por que Bentham (e John Stuart Mill, seu colega utilitarista) pode ter pensado que esse tipo de censo emocional seria possível.[3] Os dois primeiros séculos do Iluminismo haviam demonstrado como novas maneiras de medir o mundo poderiam ser poderosas e esclarecedoras. Por que não seria possível aplicar a mesma abordagem racional às escolhas que os indivíduos e as sociedades enfrentam? O problema, naturalmente, é a questão da racionalidade limitada que Herbert Simon observou mais de um século depois: escolhas difíceis enviam ondas para o mundo que são difíceis de mapear e prever com antecedência, sobretudo quando o cálculo envolve a felicidade futura de milhares ou milhões de pessoas.

Mas, embora os utilitaristas possam ter demonstrado um otimismo excessivo ao pensar que esses resultados poderiam ser medidos com clareza, a verdade é que recorremos aos descendentes desse cálculo moral em várias facetas da vida moderna. Nos Estados Unidos, um dos descendentes mais influentes foi posto em prática em 17 de fevereiro de 1981, quando Ronald Reagan assinou a Ordem Executiva (OE) 12291 como uma das primeiras ações de seu governo. A OE 12291 determinava que cada nova regra ou novo regulamento proposto por qualquer agência governamental deveria passar pelo que se chamou de "análise de impacto regulatório". Por lei, a análise deveria incluir:

VISIONÁRIOS

1. Uma descrição dos possíveis benefícios da regra, incluindo quaisquer efeitos benéficos que não possam ser quantificados em termos monetários, e a identificação daqueles que provavelmente receberão os benefícios;

2. uma descrição dos possíveis custos da regra, incluindo quaisquer efeitos adversos que não possam ser quantificados em termos monetários, e a identificação daqueles que provavelmente terão que arcar com tais custos;

3. uma determinação dos possíveis benefícios líquidos da regra, incluindo uma avaliação de efeitos que não possam ser quantificados em termos monetários;

4. uma descrição de abordagens alternativas que poderiam alcançar substancialmente o mesmo objetivo regulatório a um custo mais baixo, bem como uma análise desses possíveis benefícios e custos, e uma breve explicação dos motivos legais pelos quais tais alternativas, se propostas, não poderiam ser adotadas.[4]

A análise de impacto regulatório era, na prática, o que costumamos chamar de análise de custo-benefício. Ao decidir se implementariam ou não um novo regulamento, as agências teriam que estimar os custos e benefícios, prevendo em parte as consequências da implementação. O decreto efetivamente compeliu as agências governamentais, posteriormente supervisionadas pelo Escritório de Informação e Regulação (OIRA, na sigla em inglês), a percorrerem as principais etapas da tomada de decisões que já exploramos — mapear todas as possíveis variáveis e prever os efeitos de longo prazo — *e* ainda os levou a explorar outros caminhos de decisão que talvez não fossem visíveis no início da redação do regulamento. Se, no fim da análise, o regulamento demonstrasse

DECIDIR

"maximizar os benefícios líquidos" — em outras palavras, não só trazer mais benefícios do que malefícios, como também trazer mais benefícios do que qualquer outra opção comparável —, a agência estaria livre para implementá-lo. "As ideias de Reagan se aplicavam a uma gama incrivelmente ampla de situações, abrangendo normas destinadas a proteger o meio ambiente, aumentar a segurança alimentar, reduzir os riscos nas rodovias e no ar, promover assistência médica, melhorar a gestão da imigração, influir no abastecimento energético ou aumentar a segurança interna", escreve Cass Sunstein, que esteve à frente do OIRA por muitos anos durante o governo Obama.[5]

Quando foi proposta pela primeira vez, a análise de impacto regulatório foi vista como uma intervenção conservadora, uma tentativa de conter os gastos desenfreados do governo. Mas a estrutura básica manteve-se firme, quase que inalterada, ao longo de seis governos. É uma das criaturas mais raras no ecossistema de Washington: uma prática institucional com apoio bipartidário que leva a um governo melhor. A análise de custo-benefício revelou ter um verdadeiro potencial como ferramenta para valores progressistas, e não apenas cortes para combater o Estado inchado. Sob o governo Obama, um grupo interinstitucional formulou um valor monetário que media "o custo social do carbono", algo que muitos ambientalistas julgaram ter sido negligenciado por muito tempo em nossas decisões sobre política energética. Os especialistas vinham do Conselho de Qualidade Ambiental, do Conselho Econômico Nacional, do Escritório de Política de Energia e Mudança Climática, do Escritório de Política Científica e Tecnológica, da Agência de Proteção Ambiental e dos departamentos de Agricultura, Comércio, Energia, Transporte e Tesouro. Coletivamente, eles mapearam todos os efeitos derivados da emissão de carbono na atmosfera, desde perturbações na agricultura causadas pelas mudanças e até os custos econômicos dos eventos climáticos cada vez mais graves e os deslocamentos geográficos desencadeados pelo aumento do nível do mar. Por fim, calcularam o custo social do carbono em 36 dólares por tonelada lançada na atmosfera. O valor era apenas uma estimativa — um estudo mais recente da Universidade Stanford sugere que pode ser muitas vezes maior —, mas forneceu um custo padrão para qualquer regulamentação governamental que envolva tecnologias geradoras de carbono. O cálculo foi, por exemplo, uma justificativa essencial para as metas rigorosas dos padrões de economia de combustível que a Agência de Proteção Ambiental impôs para automóveis e caminhões durante o governo Obama.[6] Em certo sentido, ao atribuir um valor em dólar para o custo do carbono, os reguladores acrescentaram uma etapa preditiva às decisões que envolviam combustíveis fósseis, oferecendo uma visão de longo prazo. A decisão deixava de se limitar aos benefícios presentes do uso desses combustíveis como fonte de energia. O custo de 36 dólares por tonelada lhes deu uma maneira de medir também o impacto futuro da decisão. Tratava-se, em sua essência, de um cálculo: se escolhermos essa opção, quanto de carbono será emitido na atmosfera, e quanto nos custará lidar com as consequências dessas emissões nos próximos anos? Mas esse cálculo fez com que a escolha se tornasse muito mais previsora.

O MODELO DE VALORES

O resultado final de uma análise de impacto regulatório é um balanço financeiro — custos e benefícios líquidos relatados em dólares —, mas o decreto original reconhecia que nem todos os efeitos poderiam ser quantificados em termos puramente monetá-

DECIDIR

rios, e mudanças posteriores tornaram a análise formal mais sensível aos resultados não econômicos. Dentro do governo, isso levou a algumas interpretações econômicas controversas, em especial à questão de como as agências deveriam medir apropriadamente o custo de uma vida humana. (A propósito, o OIRA avalia uma única vida humana em aproximadamente 9 milhões de dólares, em suas análises regulatórias.) Se lhe parece desumano, tenha em mente que todo dia o governo é forçado a firmar compromissos que resultam nitidamente em morte humana. Sem dúvida salvaríamos milhares de vidas todos os anos se ajustássemos a velocidade máxima universal em 40km/h, mas decidimos, como sociedade, que o transporte e os benefícios comerciais resultantes de velocidades máximas mais elevadas "valem" o custo de fatalidades no trânsito.

Outros descendentes da equação de Bentham não dependem exclusivamente de avaliações monetárias. Existe um método altamente matemático que atende pelo nome de "modelo linear de valores" (MLV)[7] e é aplicado em grande escala para tomar decisões inteligentes de planejamento, como a que os cidadãos de Nova York não conseguiram tomar com a destruição do Collect Pond. A fórmula é mais ou menos assim: após mapearmos a decisão, explorarmos opções alternativas e elaborarmos um modelo preditivo de resultados, devemos fazer uma lista dos valores que nos são mais importantes. Pense mais uma vez na escolha pessoal de Darwin de se casar ou não. Seus valores incluíam liberdade, companheirismo, conversas com homens inteligentes em clubes, filhos e muito mais. Assim como Franklin sugeriu em sua descrição original da lista de prós e contras, um modelo de valores exige que nós demos a cada um deles um peso, uma medida de sua importância relativa para nós. (Darwin, por exemplo, parece ter dado mais valor à promessa de filhos e de uma companheira para toda a vida do que aos homens inteligentes em clubes.) Na

VISIONÁRIOS

versão mais matemática dessa abordagem, é preciso atribuir a cada valor um peso que varia entre 0 e 1. Se conversas inteligentes são algo secundário para nós, basta atribuir-lhes 0,25, enquanto a perspectiva de ter filhos pode receber 0,9.

Com os valores devidamente medidos, é hora de nos voltarmos para os cenários elaborados para cada uma das opções disponíveis, e classificarmos cada opção com base em como ela atende a nossos valores essenciais. Devemos dar notas na escala de 1 a 100. Permanecer solteiro recebe uma pontuação muito baixa no valor "ter filhos", mas se sai melhor no front das conversas inteligentes. Uma vez estabelecidas as notas de cada cenário, passamos a um pouco de matemática básica: basta multiplicar cada nota pelo peso de cada valor e somar os números de cada cenário. O cenário com a maior pontuação vence. Se Darwin tivesse feito um modelo de valores para sua decisão, o livro-caixa poderia ser assim:

VALORES	PESOS	SITUAÇÃO 1: SOLTEIRO	SITUAÇÃO 2: CASADO
Sem brigas	0,25	80	30
Filhos	0,75	0	70
Liberdade	0,25	80	10
Menos despesas	0,50	100	10
Homens inteligentes em clubes	0,10	80	40
Companheira para toda a vida	0,75	10	100

Ajustadas por peso, as notas de cada cenário ficam assim:

VALORES	PESOS	SITUAÇÃO 1: SOLTEIRO	SITUAÇÃO 2: CASADO
Sem brigas	0,25	20	75

DECIDIR

Filhos	0,75	0	52,5
Liberdade	0,25	20	2,5
Menos despesas	0,50	50	5
Homens inteligentes em clubes	0,10	8	4
Companheira para toda a vida	0,75	7,5	75

O resultado teria sido o mesmo a que Darwin acabou chegando: uma vitória decisiva para o casamento — 144,5 a 105,5 —, apesar de a opção de permanecer solteiro ter recebido notas mais altas em mais da metade dos valores.

Franklin chamou sua abordagem de "álgebra moral", mas a modelagem de valores tem mais a ver com um *algoritmo* moral: uma série de instruções para manipular dados que geram um resultado; nesse caso, uma classificação numérica das várias opções a serem consideradas. Suspeito que muitos de nós acharemos esse tipo de cálculo muito reducionista: tomar uma decisão complexa e emocional e comprimi-la numa fórmula matemática. Mas, é claro, o processo inteiro depende das muitas etapas que o precederam: mapear a decisão, imaginar os cenários, conduzir *pre-mortems* e organizar *charrettes*. Os pesos e as notas só funcionam se forem calculados ao final de uma investigação de espectro completo da escolha que temos em mãos. Ainda assim, podemos aplicar o mesmo modelo sem os cálculos: basta listarmos nossos valores essenciais, pensarmos sobre a importância relativa de cada um, esboçarmos como cada cenário poderia impactar esses valores e, com base nesse exercício mais narrativo, tomarmos nossa decisão.

Nas situações em que a escolha envolve mais de duas opções, os seguidores do MLV costumam achar essa abordagem especial-

VISIONÁRIOS

mente útil como ferramenta para eliminar cenários mais fracos. Fazer cálculos numéricos em um processo decisório apresenta uma tendência de lançar uma luz particularmente implacável sobre uma escolha que não apresenta boas pontuações em quase nenhuma das métricas. (No jargão da área, chamam-se alternativas "dominadas".) No fim das contas, é possível que não façamos a escolha definitiva dos dois finalistas concorrentes com base exclusivamente nos números, mas os números podem nos ajudar a reduzir a lista a apenas duas alternativas que valem ser consideradas. O cálculo dos valores nos ajuda a podar, depois de passarmos tanto tempo cultivando galhos alternativos.

De certa forma, a abordagem do modelo de valores é descendente da teoria da "maior felicidade ao maior número de pessoas" de Bentham e Mill, embora à primeira vista possa parecer uma versão mais autocentrada de seu cálculo moral. Mas esse modelo não precisa girar exclusivamente em torno dos interesses e objetivos pessoais de um indivíduo. Para começo de conversa, a decisão não tem que se basear nos valores de uma única pessoa. Na verdade, o modelo de valores se mostra particularmente útil para lidar com uma decisão em que as partes interessadas têm valores concorrentes, porque é possível fazer cálculos com pesos diferentes correspondentes às diferentes perspectivas de todos os envolvidos. A lista de prós e contras de Darwin não se adapta facilmente às exigências concorrentes de uma comunidade; mas o modelo linear de valores, sim. E, naturalmente, os valores que priorizamos também não precisam ser autocentrados. Se damos muito peso a "melhorar o bem-estar da crescente cidade de Manhattan com a construção de um parque", por definição, trazemos um "maior número" para os nossos cálculos — maior, pelo menos, do que o pequeno círculo de nossos familiares mais próximos.

DECIDIR

O fato de que esses tipos de cálculos possam nos ajudar a tomar decisões com mais visão de futuro levanta uma possibilidade intrigante. Se vamos usar algoritmos matemáticos em nosso processo deliberativo, o que acontece se tentarmos processar tais cálculos numa máquina cuja língua materna é algorítmica?

MAGNITUDE DO RISCO

Em maio de 2012, o Google registrou a patente de número 8781669 no Escritório de Patentes dos Estados Unidos.[8] Em se tratando de uma empresa que se estabeleceu filtrando pesquisas on-line, o arquivo tinha um nome inverossímil: "Consideração dos riscos dos sensores ativos de um veículo autônomo". O documento veio a ser um dos primeiros reconhecimentos públicos de que o Google estava explorando os carros autônomos.

A solicitação da patente descreve uma longa série de interações técnicas entre os sensores, complementadas por diagramas da posição desses sensores no carro. Mas, em seu cerne, é uma descrição de como um veículo autônomo tomaria decisões difíceis. O processo contém uma tabela fascinante, que descreve exatamente como o software que controla o carro consideraria o risco ao se encontrar diante de uma situação difícil no trânsito: se um pedestre pula em sua pista numa via de mão dupla com tráfego no sentido contrário, o que o carro decide fazer?

À primeira vista, esse tipo de escolha pode parecer pouco pertinente ao tema deste livro, visto que é a própria antítese das decisões deliberativas para os seres humanos. Deliberar a uma velocidade de 60 quilômetros por hora, nem que seja por meio segundo, significa, na prática, não escolher, porque já teremos colidido com o pedestre antes de decidir o que fazer. Mas os com-

VISIONÁRIOS

putadores funcionam com velocidades diferentes: mais rápidos em algumas questões, mais lentos (ou totalmente incompetentes) em outras. Uma dessas questões mais rápidas é percorrer a geometria espacial — e física — de um sistema com um número moderado de variáveis significativas: um corpo que caminha por um cruzamento; um SUV que vem em nossa direção. Como problemas desse tipo podem ser resolvidos a velocidades aparentemente milagrosas — embora "resolvidos" não seja bem o termo apropriado, como veremos —, os algoritmos digitais de tomada de decisões podem condensar em poucos nanossegundos algumas das técnicas que já exploramos para decisões com visão de futuro. É por isso que a tabela incluída no pedido de patente do Google se parece muito com as tabelas do modelo linear de valores. O carro autônomo do Google é capaz de reduzir o tempo de deliberação à velocidade do instinto.

A tabela é uma lista de "adversidades". Algumas são catastróficas, como ser atingido por um caminhão ou atropelar um pedestre. Algumas têm menos importância: perder informações de algum sensor do carro porque um objeto o bloqueou. Cada adversidade recebe uma nota de acordo com dois critérios-chave: magnitude do risco e probabilidade. Se o automóvel mal cruzar a mediana, há uma probabilidade baixa de que vá colidir com um carro que se aproxima na direção contrária, mas a colisão em si teria uma alta magnitude de risco. Se ele desviar para o estacionamento, o ângulo pode obscurecer uma das câmeras, mas a chance de uma colisão de alta magnitude poderia se reduzir a zero. A partir dessas avaliações, o software calcula uma "penalidade do risco" para cada ação, multiplicando a magnitude do risco pela probabilidade. Ser atingido por um veículo que se aproxima na direção contrária pode ser extremamente improvável (0,01%), mas

DECIDIR

a magnitude do risco é tão alta que o software se afasta das opções que possam levar a esse resultado, mesmo que as chances de que outras "adversidades" ocorram sejam mil vezes mais altas.

ADVERSIDADE	MAGNITUDE DO RISCO	PROBABILIDADE (%)	PENALIDADE DO RISCO
Ser atingido por um caminhão grande	5.000	0,01%	0,5
Ser atingido por um veículo que se aproxima pela frente	20.000	0,01%	2
Ser atingido na traseira por um veículo que se aproxima pela pista da esquerda	10.000	0,03%	3
Atropelar um pedestre que corre para o meio da rua	100.000	0,001%	1
Perder informações da câmera na posição atual	10	10%	1
Perder informações de outro sensor na posição atual	2	25%	0,5
Interferência no planejamento do caminho que envolva virada à direita em um semáforo	50	100% (se a virada já tiver sido planejada)	50/0

VISIONÁRIOS

Quando o carro se vê diante de uma situação dinâmica na rua, logo monta diversas versões dessa tabela, com base nas possíveis ações que pode tomar: virar à esquerda, virar à direita, acionar o freio e por aí vai. Cada ação contém um conjunto diferente de probabilidades para cada um dos riscos possíveis. Desviar do tráfego que vem na direção contrária reduz os riscos de uma colisão frontal a quase zero, mas ainda deixa uma possibilidade significativa de colisão com o pedestre. As pontuações da magnitude de cada risco são, na prática, a bússola moral do carro, um descendente distante da análise utilitarista de Bentham: é melhor interferir no planejamento do caminho para uma próxima curva à direita do que atropelar um pedestre, porque o primeiro terá como consequência um maior benefício para o maior número de pessoas, sobretudo para o pedestre em questão. Na Tabela das Adversidades, o código moral se expressa em números: nesse exemplo, o software presume que atropelar um pedestre é cinco vezes pior do que colidir com um veículo que vem na direção oposta — provavelmente porque, na velocidade em que o carro viaja, o mais provável é que o pedestre morra, mas os ocupantes de ambos os carros sobreviveriam à colisão. A velocidades mais altas, as magnitudes do risco seriam diferentes.

A Tabela das Adversidades é uma espécie de versão espelhada do modelo de valores. Nossa reconstrução do modelo de valores da lista de prós e contras de Darwin criou pesos para todos os resultados positivos que ele gostaria de conquistar na vida: poder ter conversas inteligentes, uma família e companhia. A tabela do Google cria pesos para todos os resultados negativos e os modifica com avaliações de probabilidade. Embora tenha sido desenvolvida para tomar decisões em frações de segundo, a estrutura da Tabela de Adversidades apresenta lições importantes para os seres humanos que tomam decisões deliberativas sobre eventos que podem se desenrolar ao longo de meses ou anos. Para início de conversa, ela inclui expressamente o tipo de avaliação de probabilidade que foi de suma importância no debate interno sobre a operação Bin Laden. Além disso, nos força a considerar não só nossos valores e objetivos, como também algo que podemos descartar com muita rapidez: uma catástrofe altamente improvável. Alguns resultados são tão desastrosos que é prudente evitá-los a qualquer custo, mesmo que suas chances sejam mínimas. A única maneira de evitar concentrar-se exclusivamente nos aspectos positivos durante a reflexão, que faz parte de um processo de tomada de decisões complexas, é separar um momento para criar uma Tabela de Adversidades própria.

A incerteza, como bem demonstrou Herbert Simon, é um fator inevitável em qualquer decisão complexa, por mais previdente que seja o tomador de decisões. Se tivéssemos uma perfeita clarividência das consequências que podem derivar de nossas escolhas, não precisaríamos de todas as estratégias das análises *pre-mortem* nem dos planejamentos de cenários que nos ajudam a imaginar o futuro. Mas existem maneiras de mitigar essa incerteza no ato de decisão. A primeira é evitar a tendência de se concentrar exclusivamente no resultado mais provável. Quando as pessoas têm a sorte de encontrar uma opção que parece ter chance de gerar os melhores resultados possíveis, dadas todas as variáveis em jogo, elas tendem a naturalmente se fixar nesse caminho e não pensar nos resultados menos prováveis, que residem no cone da incerteza. Um caminho de decisão em que há uma chance de 70% de um ótimo resultado, mas 30% de chance de desastre, é um tipo de escolha muito diferente daquela em que os 30% de chance não são ideais, mas toleráveis. Portanto, parte da arte de decidir envolve aceitar os resultados menos prováveis como uma medida de segurança. McRaven e sua equipe tinham bons motivos para acreditar que os

VISIONÁRIOS

paquistaneses acabariam entendendo por que os norte-americanos tiveram a necessidade de invadir seu espaço aéreo sem aviso prévio durante o ataque a Bin Laden, mas também reconheceram que seus aliados poderiam ver a operação como uma traição e buscar algum tipo de retaliação. Assim, estabeleceram a rota alternativa de abastecimento para as tropas no Afeganistão como forma de se sentir confortáveis com essa possível consequência. No entanto, se não há maneira de evitar que o segundo resultado mais provável seja catastrófico, talvez seja o momento de voltar atrás e buscar outra forma de proceder.

Outra maneira de mitigar a incerteza é favorecer os caminhos que, depois de tomados, permitem introduzir modificações. Os caminhos de decisão variam em termos da quantidade de ajustes e modificações que admitem *depois* de nos comprometermos com uma rota em detrimento de outra. Um caminho que promete um ótimo resultado em 70% das vezes, mas não permite iterações assim que tomamos a decisão final, pode, no fim das contas, ser menos desejável do que uma decisão que nos permite modificações posteriores. Trata-se, em certo sentido, de uma versão da ideia de "produto mínimo viável" de que tanto se fala no setor tecnológico hoje em dia: não tente lançar o produto perfeito; lance o produto mais simples que possa ser útil para seu cliente e, então, refine-o e melhore-o uma vez no mercado. Pensar numa decisão dessa maneira sugere uma variável diferente para se acrescentar no modelo linear de valores: a flexibilidade nas fases posteriores. Por exemplo, mudar-se para uma cidade nova e comprar uma casa oferece menos flexibilidade do que se mudar para uma cidade nova e viver de aluguel. A terceira opção que Darwin não ousou incluir em sua lista de prós e contras — morar com Emma sem se casar e ver como seria a convivência antes de dar o passo final — tornou-se muito mais comum hoje em dia, justamente porque nos dá mais

DECIDIR

flexibilidade se as coisas não se saírem conforme o planejado. Se há opções que permitem esse tipo de flexibilidade nas fases posteriores, poderiam ser as mais estratégicas, dada a incerteza e a complexidade do futuro. Temos uma tendência a valorizar o líder resoluto, aquele que faz uma escolha difícil e se atém a ela. Mas, às vezes, as decisões mais previdentes são aquelas que deixam aberta a possibilidade de ir fazendo ajustes ao longo do caminho.

REFLETINDO

Por mais rica que seja a história do modelo computacional de tomada de decisões — desde Bentham até o carro autônomo do Google —, creio que seja justo dizer que a maioria de nós acaba tomando decisões complexas sem cálculos prévios. Provavelmente não se trata de algo ruim. O trabalho mais importante reside na forma como enquadramos a decisão, as estratégias que utilizamos para superar todos os desafios da racionalidade limitada: explorar diversas perspectivas, planejar cenários, identificar novas opções. Se tivermos feito um trabalho caprichado nas fases de mapeamento e previsão, a escolha real muitas vezes se torna evidente. Essa também é uma daquelas áreas em que a rede padrão do cérebro é muito importante. Nossa mente tem um talento incrível para refletir sobre uma decisão complicada, imaginando como poderia afetar outras pessoas e como nós mesmos poderíamos reagir a diferentes resultados. Todos nós elaboramos esses planejamentos de cenário intuitivos em segundo plano com uma habilidade extraordinária. O problema é que nossa visibilidade muitas vezes é limitada quando criamos tais cenários; então, deixamos passar variáveis essenciais, ou nos atemos a uma suposição sobre como os eventos provavelmente vão se desenrolar, ou deixamos de ver

VISIONÁRIOS

uma terceira opção que poderia de fato reconciliar objetivos conflitantes. Portanto, as etapas de mapeamento e previsão de uma escolha complexa tratam de fornecer à rede padrão mais material para processar.

Podemos mapear todas as variáveis, submeter nossas suposições a *red teams* e construir planos de cenário para diferentes opções, mas, no fim das contas, a decisão final costuma estar mais próxima da arte do que da ciência. Todos os exercícios de mapeamento e previsão — e a diversidade de perspectivas discutidas — podem originar em novas opções antes obscuras, ou nos ajudar a ver por que nossos primeiros instintos estavam errados, assim como a equipe de Obama, que pouco a pouco começou a enxergar a possibilidade de que o casarão poderia, na verdade, ser a moradia de seu arqui-inimigo. Se tivermos sorte, investir tempo e reflexão no processo decisório nos leva a um lugar em que a escolha se torna clara.

Mas, por vezes, a resposta não é tão evidente; portanto, é preciso tomar uma decisão difícil entre as poucas opções restantes, cada uma prometendo uma mistura diferente de dor e prazer aos indivíduos afetados pela escolha. Nessas situações, fazer um placar pode ser esclarecedor — como na abordagem linear de valores. Certamente pode ser útil pensar na decisão em termos computacionais quando se trata de escolhas de grupo que envolvam diferentes partes interessadas com diferentes objetivos e valores. Mas, para escolhas com um pequeno número de tomadores de decisões, a melhor abordagem costuma ser uma antiquada: dar tempo livre à nossa mente para que reflita sobre o assunto. Em certo sentido, a preparação para a escolha deve envolver estratégias modernas: análises *pre-mortem*, planejamento de cenários, especialistas, *charrettes* que envolvam as partes interessadas. Mas, uma vez que esses exercícios tenham ampliado nossas perspectivas e nos ajudado a escapar de nossos instintos iniciais, o passo seguinte é absorver tudo e deixar que a rede

DECIDIR

padrão do cérebro faça sua mágica. Saia para longos passeios, tome um banho mais demorado do que o normal, deixe a mente vagar.

Escolhas difíceis exigem que treinemos a mente para que ela seja capaz de evitar julgamentos baseados no pensamento espontâneo do Sistema 1, que a mantenhamos aberta a novas possibilidades — começando por aceitar que nossa resposta instintiva diante de determinada situação provavelmente é a errada. Quase todas as estratégias descritas neste livro buscam o mesmo objetivo: ajudar você a enxergar a situação atual a partir de novas perspectivas, a superar os limites da racionalidade limitada, a fazer uma lista de coisas que jamais lhe ocorreriam. Estas não são, estritamente falando, soluções para o problema que enfrentamos. São mais um empurrãozinho, um truque, uma indicação. São pensadas para nos afastar de nossas suposições predeterminadas, não para nos dar uma resposta fixa. Mas, ao contrário dos falsos tratamentos médicos a que Darwin e os demais vitorianos se submeteram, muitas dessas intervenções contaram com o apoio e o aperfeiçoamento de experimentos controlados. Não temos um algoritmo infalível para fazer escolhas inteligentes, mas temos um corpo significativo de técnicas que podem nos impedir de tomar decisões precipitadas.

A ESCOLHA DE OBAMA

Quando a notícia sobre o estranho casarão nos arredores de Abbottabad, onde al-Kuwaiti havia sido localizado, chegou a Washington, quase todo mundo que ouviu a descrição da residência teve a mesma reação instintiva: não parecia ser o tipo de lugar que Osama bin Laden usaria como esconderijo. Mas esses instintos, por mais sólidos que parecessem na ocasião, revelaram-se errados, assim como a sensação de que Saddam Hussein *devia* estar

VISIONÁRIOS

trabalhando em algum tipo de programa de armas de destruição em massa também se provou incorreta. Porém, como os serviços de inteligência e a Casa Branca investigaram e desafiaram seus instintos sobre Bin Laden, não se limitando a apenas segui-los; como adotaram um enfoque de espectro completo para mapear tanto a decisão de Bin Laden estar vivendo ou não no imóvel quanto a decisão de como atacá-lo; como elaboraram previsões de longo prazo sobre as consequências do ataque e submeteram essas previsões a *red teams*; e como, acima de tudo, pensaram na decisão como um processo que exigia tempo, colaboração e deliberação estruturada, eles foram capazes de ver além das distorções de seus instintos iniciais e tomar a decisão correta.

Nem Obama nem seus subordinados diretos parecem ter feito uma análise matemática da decisão sobre Bin Laden, a não ser pelas muitas vezes em que estimaram a probabilidade de que ele estivesse no casarão. Mas, em todos os demais sentidos, seguiram os padrões de tomada de decisões que exploramos nos capítulos anteriores. Por fim, Obama reuniu sua equipe principal e pediu que cada um ponderasse a decisão. Apenas o vice-presidente, Biden, e o secretário de defesa, Gates, votaram contra. Todos os demais apoiaram a operação, por mais que muitos — incluindo o próprio Obama — pensassem que as chances de encontrar Bin Laden no local fossem de 50%, no melhor dos casos. Gates mudaria de opinião no dia seguinte; Biden manteve-se contrário e, mais tarde, viria a declarar que Obama tinha *"cojones* de aço" para ignorar seu vice-presidente e dar sinal verde à operação. Como acontece com frequência, ao explorar a decisão, ao destrinchar todas as consequências futuras e ao deixar que a rede padrão cumpra seu papel, tornou-se cada vez mais evidente que um dos caminhos levava à direção mais promissora. Conforme a equipe investigava as quatro principais opções para atacar imóvel, surgiram problemas graves

DECIDIR

em três delas — os bombardeios, o ataque com drones e a colaboração com os paquistaneses —, o que fez do plano de incursão de McRaven a última opção possível.

Não foram poucos os elogios à morte do líder da al Qaeda, uma vez anunciada a notícia. No fim das contas, tratou-se de algo raro no mundo da espionagem e das operações antiterroristas: um sucesso absoluto. O casarão era, no fim das contas, o esconderijo de Osama bin Laden; em um breve tiroteio, Bin Laden foi morto e seu corpo retirado; os SEALs sofreram apenas ferimentos superficiais. O único fator que McRaven e sua equipe não haviam mapeado corretamente foram as correntes de vento internas no pátio, que desestabilizaram um dos Black Hawks em sua tentativa de pousar, o que provocou sua queda. Mas até a possibilidade de perder um helicóptero fazia parte do planejamento de cenários; eles haviam se assegurado de que a equipe poderia voltar a se reunir em apenas um Black Hawk depois de completar a incursão. A perda do helicóptero era uma incógnita conhecida: era possível se preparar para isso, pois parecia estar dentro do reino das possibilidades que *algo* causaria a queda de um Black Hawk nas redondezas. Quando este possível cenário se tornou realidade, os SEALs seguiram o plano que haviam simulado nos meses anteriores à operação: eles o fizeram explodir e seguiram em frente conforme o previsto.

O que costumamos celebrar quando uma operação desse tipo dá certo? Celebramos a coragem tanto da unidade do SEAL Team Six quanto de seus comandantes. Celebramos a capacidade de nossos líderes e de sua inteligência para tomar a decisão correta. Mas todas essas são qualidades, não ações. O que fez com que a decisão sobre Bin Laden tivesse tanto êxito foi, no fim das contas, o modo como foi abordada como um problema. A inteligência, a coragem e a determinação estavam presentes, sem dúvida, mas essas qualidades

VISIONÁRIOS

também se fizeram visíveis em ações militares menos bem-sucedidas, como a Batalha do Brooklyn ou a baía dos Porcos. Havia mentes brilhantes e confiantes tomando decisões durante a missão de resgate dos reféns do Irã e a investigação sobre armas de destruição em massa no Iraque. O que esta equipe tinha era diferente: um processo de deliberação que os forçava a investigar tudo aquilo de que não gostavam nas evidências e a imaginar todas as formas pelas quais seu curso de ação poderia dar terrivelmente errado. Esse processo foi tão importante quanto a execução do ataque em si. Mas o processo tende a se perder na memória pública do evento, porque o heroísmo e a violência espetacular de um ataque à luz da lua naturalmente superam as sutilezas dos meses e meses gastos estudando a decisão. O desejável seria que nossos líderes — no governo, na vida civil, nas salas de reuniões corporativas, em comissões de planejamento — demonstrassem essa mesma disposição de desacelerar uma decisão, que a abordassem a partir de diversos ângulos e desafiassem seus instintos. Se vamos aprender com triunfos como a operação em Abbottabad, o ataque em si é menos importante do que o processo decisório que o possibilitou.

Quando os Black Hawks pousaram em Jalalabad às duas da manhã, transportando o corpo de Osama bin Laden, McRaven e o chefe da estação da CIA retiraram o cadáver para fazer uma identificação adequada. Eles perceberam, depois de todo o planejamento, que não haviam adquirido uma fita métrica para confirmar se o corpo media 1,95 metro, a altura conhecida de Bin Laden. (Por fim, eles encontraram alguém da mesma altura, que se deitou perto do corpo para que pudessem obter uma medida aproximada.) Várias semanas depois, o presidente Obama presenteou McRaven com uma placa que o elogiava por sua perspicácia no planejamento da missão. A placa incluía uma fita métrica fixada em sua superfície, um lembrete de um dos pouquíssimos elementos

DECIDIR

que a "opção McRaven" falhou em prever. McRaven e os demais analistas haviam mapeado a decisão e todas as suas complexidades com presciência e detalhes surpreendentes; eles mediram o casarão e seus muros centímetro por centímetro. Esqueceram-se apenas de levar um instrumento que medisse o próprio Bin Laden.

4

A ESCOLHA GLOBAL

O que acontece depressa é ilusão, o que acontece lentamente é realidade. A função da visão de longo prazo é transpassar a ilusão.

STEWART BRAND

No início dos anos 1960, durante a moda dos jogos de guerra que deram forma a grande parte da estratégia militar da Guerra Fria, a Escola de Guerra Naval dos Estados Unidos adquiriu um computador de 10 milhões de dólares. Seu propósito não era calcular trajetórias de torpedos nem ajudar a planejar os orçamentos de construção naval. Tratava-se, na verdade, de uma máquina de jogo conhecida como Simulador Eletrônico de Guerra Naval. Ao gerenciar as simulações dos jogos de guerra, o computador poderia ampliar o poder de decisão dos comandantes militares, pois, supostamente, um computador era capaz de modelar um conjunto de relações muito mais complexo do que as que modelam um grupo de seres humanos jogando dados e movendo peças em um tabuleiro de jogo. Não está claro se o Simulador Eletrônico de Guerra Naval de fato melhorou a tomada

VISIONÁRIOS

de decisões militares do país nos anos seguintes. O certo é que a trajetória final da Guerra do Vietnã sugere uma melhora muito limitada, na melhor das hipóteses.

A ideia de um computador inteligente o bastante para ajudar com decisões complexas pode ter sido prematura na década de 1960, mas hoje em dia já não parece ficção científica. As previsões por conjunto dos supercomputadores meteorológicos nos ajudam a decidir se devemos ou não evacuar uma área costeira com ameaça de furacão. As cidades utilizam simuladores urbanos para avaliar o trânsito ou o impacto econômico da construção de novas pontes, linhas de metrô ou rodovias. As decisões que confundiram algumas das melhores mentes do século XIX — como os urbanistas do Collect Pond e Darwin com sua hidroterapia — hoje se guiam cada vez mais por algoritmos e mundos virtuais.

Os supercomputadores começaram a assumir o papel que na Antiguidade pertencia aos oráculos: eles nos permitem olhar para o futuro. À medida que essa previsão se torna mais poderosa, dependemos cada vez mais dessas máquinas para que nos ajudem em nossas escolhas difíceis, e talvez até mesmo escolham em nosso lugar. É fácil imaginar simulações e previsões de computador nos auxiliando na decisão do futuro do Collect Pond: projetando o crescimento populacional no centro de Manhattan, medindo o impacto da destruição de um recurso hídrico no ecossistema e as fortunas econômicas dos curtumes que poluíam essa água.

Há quase cem anos, quando Lewis Fry Richardson fez referência ao "sonho" de uma máquina que um dia poderia ser capaz de calcular as previsões do tempo em seu ensaio "Previsão do tempo por processos numéricos" o matemático só havia imaginado previsões que se estendessem por poucos dias no futuro, o suficiente para talvez trazer barcos ao porto antes da chegada de um furacão ou preparar uma cidade agitada para uma nevasca iminente.

A ESCOLHA GLOBAL

Richardson sem dúvida teria ficado surpreso ao ver aonde haviam chegado os "processos numéricos" nas duas primeiras décadas do século XXI: máquinas como o supercomputador "Cheyenne", que se encontra nos escritórios de Wyoming do Centro Nacional de Investigações Atmosféricas e utiliza sua grande capacidade de cálculo para simular o comportamento da própria atmosfera terrestre. Máquinas como o Cheyenne nos permitem simular escalas de tempo que Richardson julgaria absurdas: décadas, até mesmo séculos. As previsões são mais turvas, é claro: não se pode pedir que o Cheyenne nos diga se os nova-iorquinos deveriam se vestir para um dia de chuva em 13 de julho de 2087. Ele só pode nos informar tendências de longo prazo — onde se podem formar novos desertos, onde as inundações podem ser mais prováveis, onde calotas de gelo podem derreter — e até mesmo estas não passam de probabilidades. Mas essa previdência, por mais confusa que pareça às vezes, é muito mais exata do que tudo que Richardson poderia ter imaginado apenas um século atrás.

Muitas vezes culpamos a tecnologia digital pela redução de nossa capacidade de concentração, alimentada por redes sociais como Snapchat e Twitter, mas o fato é que as simulações de computador têm sido essenciais para forçar os seres humanos a enfrentar o que pode ser a decisão mais complexa e duradoura com que já nos deparamos: o que fazer a respeito das mudanças climáticas. O consenso quase universal entre os cientistas de que o aquecimento global representa uma ameaça significativa surgiu, em grande parte, graças às simulações de supercomputadores como o Cheyenne. Sem os modelos de espectro completo que essas máquinas são capazes de criar — rastreando de tudo, desde fenômenos de escala planetária, como as correntes de jato, até as propriedades moleculares do dióxido de carbono —, nós teríamos muito menos confiança no perigo potencial das mudanças climáti-

VISIONÁRIOS

cas e na importância de mudar em longo prazo as fontes de energia renováveis. Essas simulações hoje influenciam milhões de decisões em todo o planeta, desde escolhas individuais (como a compra de um automóvel híbrido no lugar de um movido a gasolina) e decisões comunitárias (como a instalação de painéis solares para alimentar as escolas públicas) até decisões da magnitude da assinatura do Acordo de Paris sobre o clima, um dos acordos mais globais a que já se chegou na história de nossa espécie — tanto em relação aos seus signatários quanto aos seus objetivos.

O fato de sermos capazes de tomar essas decisões não deve ser uma desculpa para nos darmos por satisfeitos. Escrevo estas palavras na segunda metade de 2017, apenas alguns meses depois de o governo Trump ter anunciado que os Estados Unidos se retirariam do Acordo de Paris. É possível que olhemos para este período daqui a vinte ou trinta anos e o vejamos como o início de um grande desenrolar de fatos, com cada vez mais cidadãos reduzindo as mudanças climáticas a "fake news", gerando uma crescente paralisia em nível governamental e minando os esforços para reduzir o impacto do aquecimento global.

Se fizéssemos uma pesquisa com a maioria dos norte-america-nos, suspeito que uma grande parte deles diria que estamos nos tornando *piores* em decisões de longo prazo, que vivemos numa era de baixa capacidade de concentração, que nos impede de ver o futuro distante. Um número significativo de pessoas provavelmente apontaria os danos que estamos causando como espécie ao meio ambiente como o exemplo mais evidente de nossa falta de visão.

É verdade que as últimas décadas presenciaram uma série de tendências preocupantes, a maioria das quais gira em torno desse atributo crítico da diversidade, que comprometeu a forma como tomamos decisões coletivas em aspectos materiais. Nos Estados Unidos, a manipulação da opinião pública reduz a diversidade

A ESCOLHA GLOBAL

ideológica por trás da decisão de quem eleger para representar um distrito na Câmara dos Representantes: os membros do Congresso são eleitos cada vez mais por blocos eleitorais que são esmagadoramente republicanos ou democratas, muito mais homogêneos em suas visões de mundo políticas do que a maioria dos distritos eleitorais teria sido em outros momentos de nossa história. Mas essa tendência não pode ser atribuída unicamente aos esquemas de políticos que tentam garantir a reeleição. Estamos experimentando também uma "Grande Separação" demográfica, em que nossas cidades e áreas residenciais dos subúrbios são cada vez mais habitadas por democratas, enquanto os republicanos dominam as áreas rurais e o campo. Portanto, quando nos reunimos para tomar qualquer tipo de decisão local, estamos, ao menos politicamente, reunindo equipes de tomadores de decisões que são mais homogêneos e, assim, propensos a todas as falhas que a homogeneidade traz consigo para as decisões de grupo.

Esse é um ponto muitas vezes subestimado nos debates culturais sobre a importância da diversidade. Quando vemos as imagens de uma reunião do gabinete de Trump ou da assembleia eleitoral da Câmara de Representantes republicana — todos aqueles homens brancos de meia-idade engravatados —, costumamos definir a falta de diversidade desses grupos como um problema por razões igualitárias ou de representação. E essa é uma definição perfeitamente válida. Queremos um gabinete que "se pareça com os Estados Unidos", porque isso nos aproximará de um mundo em que pessoas talentosas, de todas as áreas e de todos os estratos sociais, possam chegar aos mais altos cargos do governo, e porque essas diferentes origens de vida terão inevitavelmente interesses diferentes que deverão se refletir na forma com que somos governados. Mas há outro fator que muitas vezes ignoramos quando nos queixamos da falta de diversidade no alto escalão de qualquer

VISIONÁRIOS

organização do setor público ou privado: *grupos mais heterogêneos tomam decisões mais inteligentes*. Os dados que confirmam essa conclusão são especialmente claros na pesquisa sobre gênero e tomada de decisões. Se estivéssemos tentando reunir uma espécie de "equipe dos sonhos às avessas" ao estilo de *Primavera para Hitler*, projetada para *fracassar* na tomada de decisões complexas, nos sairíamos bem se recrutássemos uma lista só de homens. Assim, quando vemos um grupo de homens assinando um projeto de lei para bloquear o financiamento do órgão de planejamento familiar, não devemos nos limitar a observar que uma mulher poderia ter uma compreensão maior do que um homem sobre o valor desse projeto. Devemos também apontar que um grupo de homens está mais propenso a fazer uma escolha errada a respeito de *qualquer coisa*, não só de "assuntos femininos".

Mas, apesar dessas limitações e desses contratempos, devemos recordar que, em muitos outros âmbitos, tentamos tomar decisões que envolvem horizontes temporais e mapas de espectro completo que seriam impensáveis para nossos bisavós. Em 1960, ninguém tomava decisão alguma que contemplasse, nem mesmo por um segundo, seu impacto no dióxido de carbono atmosférico em 2060. Hoje em dia, muitas pessoas no mundo inteiro tomam decisões diárias que levam esses impactos de longo prazo em consideração, desde políticos que propõem novos regulamentos que incluem o verdadeiro custo do carbono em sua análise de custo-benefício e executivos corporativos que escolhem dirigir suas matrizes com fontes de energia renováveis, até consumidores comuns que optam por comprar produtos "verdes" no supermercado.

Pense no Meadow Lake, no Queens, e nos peixes que lutavam para encontrar oxigênio sob o supercrescimento das algas verde-amarelas. Esses peixes eram, de certa forma, partes interessadas no processo decisório. Eles foram incluídos como uma variável significativa em parte porque desempenham um papel importante no ecossistema, que em última instância sustenta a vida dos seres humanos, mas também porque muitos de nós acreditamos que eles tenham algum direito intrínseco à vida como espécie neste planeta, sejam eles responsáveis ou não pelo sustento das necessidades humanas. Quando os primeiros habitantes de Manhattan decidiram aterrar o Collect Pond, ninguém mapeou as vias de impacto na ecologia de Lower Manhattan. Só pensaram que se livrariam de um lago cada vez mais poluído e que construiriam novas casas.

Os céticos argumentarão que, sim, existem alguns gestores ambientais que se preocupam com a fauna e a flora dos pântanos, mas se observarmos o planeta como um todo, nós o estamos destruindo em um ritmo sem precedentes. Os dois últimos séculos foram claramente os mais destrutivos para o meio ambiente na história da humanidade: para cada peixe que preservamos no Meadow Lake, existem mil espécies que levamos à extinção. Será que não se trata de uma prova inequívoca de que estamos fazendo escolhas piores na era moderna?

Mas a verdade é que temos sido tão destrutivos com as espécies do ponto de vista ecológico quanto nossa tecnologia nos permite há pelo menos 20 mil anos, talvez mais. Sem dúvida, houve algumas comunidades pré-industriais que levavam em conta o "equilíbrio da natureza" em suas decisões coletivas sobre o que comer e onde viver. Mas, durante a maior parte da história da humanidade, temos nos mostrado dispostos a sacrificar quase qualquer recurso natural que nos ajude em nossas necessidades de curto prazo. Considere a lista de mamíferos extintos durante os primeiros milênios de ocupação humana da América do Norte, desde aproximadamente o ano 11.000 até o ano 8.000 a.C.: mastodontes, onças-pintadas, mamutes-lanosos, tigres-dentes-de-sabre e pelo

VISIONÁRIOS

menos uma dezena de outras espécies de ursos, antílopes, cavalos e outros animais. Durante a maior parte de nossa história, nossas limitações tecnológicas têm sido as responsáveis por frear nossos massacres, muito mais do que as limitações intelectuais ou morais. Sempre fizemos tudo que nossas ferramentas nos permitiram. Nós simplesmente temos ferramentas melhores agora — se é que podemos classificar como "melhores" —, portanto, podemos causar um estrago maior.

Os peixes do Meadow Lake, por outro lado, sugerem um novo tipo de deliberação: a decisão de preservar uma espécie, por mais que nos oferecesse pouco valor, ao menos no curto prazo. As pessoas têm aterrado lagos desde que a Idade da Pedra lhes deu ferramentas para cavar. No entanto, o ato de levar em conta o impacto do escoamento de nitrogênio numa proliferação de algas e como essa proliferação poderia privar os peixes de oxigênio constitui uma nova forma de pensar.

O fato de que alguns de nós ainda debatem se o aquecimento global está de fato acontecendo — quem dirá o que deveríamos fazer a respeito — nos demonstra que ainda não somos especialistas nesse tipo de pensamento. Sim, parece mesmo preocupante que os Estados Unidos estejam atualmente ameaçando se retirar do Acordo de Paris. Mas ainda estamos muito no início dessa narrativa em particular; o fim não está nem um pouco claro. Até o momento, a história do Acordo de Paris é, na verdade, uma narrativa de duas decisões distintas: 198 nações que assinaram o acordo e um líder temperamental que promete se retirar em um rompante de raiva. Com o enfoque da perspectiva de longo prazo, qual parece mais impressionante? Temos tido líderes impetuosos desde o surgimento da agricultura; os acordos verdadeiramente globais com consequências reais para a vida cotidiana são uma invenção nova.

A ESCOLHA GLOBAL

O fato de que às vezes parecemos incompetentes nesses tipos de escolhas é um sinal de que estamos avaliando numa curva inversa: agora temos padrões mais elevados; então, em certas ocasiões, parece que somos menos deliberativos do que nossos ancestrais. Mas a verdade é que tanto o espectro de nossas decisões quanto seus horizontes temporais se ampliaram drasticamente nos últimos séculos. Os astecas e os gregos podiam olhar para o futuro tanto quanto seus calendários e sua astronomia rudimentar lhes permitiam. Eles criaram instituições e estruturas desenvolvidas explicitamente para durar séculos. Mas nunca contemplaram decisões que abordavam problemas que só surgiriam dali a cinquenta anos. Eles eram capazes de ver ciclos e continuidade em longa escala. Mas não sabiam prever problemas emergentes.

Nós somos melhores previsores do futuro, e nossas decisões estão começando a refletir essa nova habilidade. O problema é que o futuro tem chegado mais rápido do que nunca.

A VISÃO DE LONGO ALCANCE

Até onde somos capazes de expandir nossos horizontes temporais? Como indivíduos, quase todos nós contemplaremos pelo menos algumas decisões que, por definição, se estendem por todo o curso de nossas vidas: com quem se casar, ter ou não ter filhos, onde morar, que vocação seguir. Como sociedade, participamos ativamente de tomadas de decisões com horizontes temporais que se estendem além de um século, no âmbito das mudanças climáticas, da automatização e da inteligência artificial, da medicina e do urbanismo. Será que o horizonte temporal pode se abrir ainda mais?

Considere uma decisão sobre a qual a maioria de nós provavelmente não tem, pelo menos não a princípio, uma opinião formada:

VISIONÁRIOS

deveríamos nos comunicar com outras formas de vida inteligente de outros planetas? Em 2015, diversos luminares da ciência e da tecnologia, entre eles Elon Musk, assinaram uma declaração que respondia a essa pergunta com um veemente "não": "Enviar sinais intencionalmente para outras civilizações da Via Láctea é algo que suscitaria a preocupação de todos os habitantes da Terra, tanto em relação à mensagem quanto às consequências do contato. Antes de enviar uma mensagem, é necessário que se leve a cabo um debate científico, político e humanitário em nível mundial", argumentava o texto. Eles defenderam, com efeito, que uma civilização alienígena avançada poderia responder às nossas saudações interestelares com a mesma gentileza que Cortés demonstrou aos astecas. A declaração foi uma resposta a um movimento crescente liderado por um grupo multidisciplinar de astrônomos, psicólogos, antropólogos e aficionados do espaço, cujo objetivo era enviar mensagens dirigidas especificamente aos planetas da Via Láctea com chances de haver vida. Em vez de limitar-se a explorar os céus em busca de sinais de vida inteligente, como fazem os telescópios do projeto de rastreamento de inteligência extraterreste, o projeto SETI (Busca por Inteligência Extraterrestre, em tradução livre da sigla em inglês), esse novo enfoque, por vezes chamado de METI (Contatando Inteligência Extraterrestre, em tradução livre da sigla em inglês), procura ativamente iniciar o contato. A organização METI, dirigida pelo ex-cientista do SETI, Douglas Vakoch, planejou uma série de mensagens que seriam transmitidas a partir de 2018. E a iniciativa Breakthrough Listen, de Yuri Milner, também prometeu apoiar um projeto complementar de "Breakthrough Message", que inclui um concurso aberto de preparação das mensagens que serão transmitidas às estrelas. Podemos pensar nisso como uma espécie de *design charrette* intergaláctico.

A ESCOLHA GLOBAL

Se acreditamos que a mensagem apresenta uma possibilidade plausível de fazermos contato com alguma forma de inteligência extraterrestre, é difícil não pensar nela como uma das decisões mais importantes que tomaremos como espécie. Vamos ser introvertidos galácticos, escondidos por trás da porta ouvindo os sinais de vida lá fora? Ou vamos ser extrovertidos, daqueles que puxam assunto? (E, se optarmos pela última opção, o que deveríamos dizer?) A decisão de enviar uma mensagem ao espaço pode não gerar um resultado significativo pelos próximos mil anos, ou até mesmo 100 mil anos, considerando os tempos de trânsito entre os correspondentes. A primeira mensagem intencional já enviada foi a famosa Mensagem de Arecibo, enviada por Frank Drake na década de 1970 e dirigida a um aglomerado de estrelas a 50 mil anos-luz de distância. As leis da física ditam o tempo mínimo para que o resultado dessa decisão nos seja perceptível: 100 mil anos. É difícil imaginar a possibilidade de que a humanidade enfrente uma decisão com uma perspectiva mais distante do que esta.

O movimento anti-METI se baseia no fato de que, se algum dia conseguirmos fazer contato com outra forma de vida inteligente, quase por definição nossos novos "amigos por correspondência" estarão muito mais avançados do que nós.[1] (Uma civilização menos avançada seria incapaz de detectar nosso sinal, e seria uma assombrosa coincidência entrarmos em contato com uma civilização que tenha nosso mesmo nível de sofisticação tecnológica.) É essa assimetria que convenceu tantos pensadores com visão de futuro de que o METI é uma ideia ruim. A exploração que se reproduziu ao longo de toda a história da humanidade tem um grande peso na mente dos que criticam o METI. Stephen Hawking, por exemplo, declarou numa série documental de 2010: "Se os alienígenas nos visitarem, o resultado seria muito similar a quando Colombo desembarcou na América, o que não foi bom para os nativos ame-

VISIONÁRIOS

ricanos." O astrônomo e autor de ficção científica David Brin reitera a crítica de Hawking: "*Cada um dos casos* conhecidos de uma cultura tecnologicamente mais avançada que entra em contato com outra menos avançada sempre resultou, no mínimo, em dor."

Existe algo na decisão do METI que força a mente a se expandir para além de seus limites habituais. Usando nossa própria inteligência humana, temos de imaginar alguma forma radicalmente diferente de inteligência. Temos de imaginar escalas de tempo em que uma decisão tomada em 2017 poderia desencadear consequências transcendentais daqui a 10 mil anos. A magnitude dessas consequências desafia nossas medidas habituais de causa e efeito. Se pensarmos que o METI tem uma possibilidade razoável de fazer contato com outro organismo inteligente em algum lugar da Via Láctea, devemos aceitar que esse pequeno grupo de astrônomos, autores de ficção científica e multimilionários pode, de fato, estar enfrentando uma decisão que poderia se revelar a mais transformadora da história da civilização humana.

Tudo isso nos leva de volta a uma questão muito mais concreta, mas não menos complexa: *quem se encarrega de tomar as decisões?* Depois de muitos anos de debate, a comunidade do SETI chegou ao consenso de um procedimento que tanto os cientistas quanto as agências governamentais devem seguir no caso de realmente se depararem com um sinal de vida inteligente vindo do espaço. Os protocolos ordenam especificamente que "não se deve enviar nenhuma resposta a um sinal ou uma evidência de inteligência extraterrestre até que se tenham realizado consultas internacionais pertinentes". Entretanto, não existe nenhum conjunto equivalente de diretrizes que coordenem nosso próprio alcance interestelar.

O debate em torno do METI é paralelo a outras decisões existenciais que enfrentaremos nas próximas décadas, à medida que nossas competências científicas e tecnológicas se expandam.

A ESCOLHA GLOBAL

Devemos criar máquinas superinteligentes que ultrapassem nossas próprias capacidades intelectuais por uma margem tão ampla que deixamos de compreender como sua inteligência funciona? Devemos "curar" a morte, como muitos visionários do Vale do Silício propõem? Assim como o METI, estas são potencialmente algumas das decisões mais transcendentais que os seres humanos podem tomar e, no entanto, o número de pessoas que participam ativamente dessa decisão é, até o momento, minúsculo.

Kathryn Denning, antropóloga da York University, em Toronto, uma das participantes mais reflexivas no debate sobre a decisão do METI, argumentou que decisões como a proposta exigem uma amostra muito mais ampla de partes interessadas: "Acredito que o debate do METI possa ser um desses raros temas em que o conhecimento científico é altamente relevante para a discussão, mas sua conexão com a política óbvia é tênue, na melhor das hipóteses, porque, em última análise, trata-se do tamanho do risco que a população da Terra está disposta a tolerar [...] e por que exatamente os astrônomos, cosmólogos, físicos, antropólogos, psicólogos, sociólogos, biólogos, autores de ficção científica ou qualquer outra pessoa (sem nenhuma ordem em particular) devem decidir sobre quais deveriam ser essas tolerâncias?"

Acordos como os protocolos SETI, e até mesmo o Acordo de Paris sobre o clima, deveriam ser considerados verdadeiras conquistas na história da tomada de decisões. Mas eles estão mais próximos das normas do que de uma legislação real. Não têm o respaldo da força da lei. As normas têm muita força. Mas, como temos visto nos últimos anos, também podem ser frágeis e facilmente prejudicadas por tumultuadores que não se importam em ofender a corrente dominante. E quase nunca são fortes o suficiente para resistir aos avanços da inovação tecnológica.

VISIONÁRIOS

A fragilidade das normas pode ser mais aparente sobretudo nas decisões que envolvem um risco de extinção. Novas tecnologias (como as máquinas autorreplicantes) ou invenções que representem até mesmo um risco mínimo para nossa sobrevivência como espécie (como o METI) exigem uma supervisão em nível global. A criação desses regulamentos nos obrigaria, como sugere Denning, a medir a tolerância ao risco em nível planetário. Eles exigiriam uma espécie de Tabela de Adversidades de nível mundial, só que em vez de calcular a magnitude do risco dos eventos que se desdobrariam em questão de segundos, como faz o algoritmo do Google, a tabela mediria o risco de eventos que poderiam não surgir por séculos. Se não criarmos entidades que possam medir essa tolerância ao risco, então, por omissão, serão sempre os apostadores quem estabelecerão a agenda, e ao restante de nós caberá viver com as consequências. Este mesmo padrão pode se aplicar às opções que não têm tanto a ver com risco existencial, mas com *mudança* existencial. A maioria dos norte-americanos e europeus, quando perguntados se gostariam de "curar" a morte, respondem que não; dizem preferir buscar uma vida mais longa e significativa, não a imortalidade. No entanto, se a imortalidade está, de fato, a nosso alcance em termos tecnológicos — e existem pelo menos algumas evidências convincentes que sugerem que esteja —, não necessariamente dispomos de instituições que estejam preparadas para detê-la. Será que gostaríamos de ter a opção de viver para sempre? Se em algum momento já existiu uma decisão em nível global, em nível de espécie, é esta.

Como tomaríamos decisões como essa? Contamos com instituições como a ONU, que nos proporcionou uma estrutura para fazermos escolhas em escala mundial, e, apesar de todas as limitações de seu poder, sua mera existência é uma medida do progresso real. Se nossa capacidade de tomar decisões melhora com

A ESCOLHA GLOBAL

a crescente diversidade do grupo que as toma, é difícil imaginar uma instituição com mais visão de futuro do que uma que representa todos os países do mundo. Mas, é claro, a ONU representa os cidadãos desses países por meios muito indiretos. Suas decisões não são expressões diretas da "vontade do povo". Seria possível conduzir algo equivalente a uma *design charrette* em nível global, em que as partes interessadas — e não apenas indicados políticos — pudessem expressar suas prioridades e sua tolerância ao risco?

Nós inventamos a instituição da democracia — em todas as suas diversas modalidades — para nos ajudar a decidir, como sociedade, quais devem ser as nossas leis. Talvez seja o momento de tomarmos algumas das lições que aprendemos com a tomada de decisões em grupos pequenos e aplicá-las no âmbito das grandes decisões que afetam grandes massas de indivíduos. Isso não é tão inverossímil quanto parece. Afinal de contas, o advento da internet nos permitiu reinventar diversas vezes o modo como nos comunicamos, e isso só no meu tempo de vida: de e-mails e blogs até as atualizações de status no Facebook. Por que não deveríamos aproveitar essa oportunidade para reinventar também nossas ferramentas de tomada de decisões?

Existem algumas evidências de que é possível aproveitar multidões de internautas para definir prioridades e sugerir opções com mais perspicácia do que os ditos especialistas, se as ferramentas de software que organizam toda essa inteligência (e estupidez) coletiva forem projetadas corretamente. No mês anterior à posse de 2008, o novo governo de Obama estreou um *Citizen's Briefing Book* na internet, uma espécie de livro de consulta que convidava a população norte-americana a sugerir prioridades para os quatro anos seguintes — um pequeno experimento de democracia direta inspirado pelo movimento Governo Aberto, em ascensão à época. Os cidadãos comuns poderiam sugerir iniciativas e votar para

VISIONÁRIOS

apoiar outras. No fim das contas, duas das três iniciativas mais populares instaram Obama a reformar radicalmente as draconianas leis norte-americanas relacionadas às drogas e pôr um fim à proibição da maconha. Na época, os resultados foram dignos de risadas por parte da grande mídia: "É isso que acontece quando se abrem as portas para os loucos da internet; temos uma horda de maconheiros sugerindo políticas que não têm a menor possibilidade de contar com o apoio das correntes dominantes." E, no entanto, ao fim do segundo mandato de Obama, esse livro de consulta veio a ser o primeiro vislumbre de uma ideia cujo momento havia chegado. As leis relativas às condenações foram reescritas, a cannabis foi legalizada em meia dúzia de estados, e a maioria dos norte-americanos hoje apoia a legalização completa.

Numa era de polarização e nacionalismo, a ideia de uma supervisão em nível global sobre qualquer tema, por mais existencial que seja a ameaça que representa, pode parecer ingênua. E é muito possível que as tecnologias tenham sua própria inevitabilidade e só possamos controlá-las no curto prazo. Em comparação, reduzir nossa pegada de carbono pode ser uma opção mais fácil do que deter algo como o METI ou os estudos sobre a imortalidade, porque há um caminho cada vez mais visível para minimizar as mudanças climáticas que envolve a adoção de uma tecnologia ainda mais avançada: não retroceder a uma vida pré-industrial, mas avançar em direção a um mundo de tecnologia neutra em carbono, como os painéis solares e os veículos elétricos. Em nossa história, não há muitos precedentes de seres humanos que tenham renunciado voluntariamente a uma nova capacidade tecnológica — ou que tenham optado por não entrar em contato com outra sociedade — por conta de uma possível ameaça que pode não surgir por gerações. Mas talvez seja hora de aprendermos como tomar esse tipo de decisão.

A ESCOLHA GLOBAL

SUPERINTELIGÊNCIA

O desenvolvimento de supercomputadores como o Cheyenne, inteligentes o bastante para mapear as vias de impacto das mudanças climáticas dentro dos próximos cem anos, nos dotou de duas formas de visão de futuro: nos permite prever futuras mudanças em nosso clima, que nos ajudam a tomar decisões melhores sobre nosso uso de energia e nossa pegada de carbono atual, e nos sugere tendências de longo prazo, no desenvolvimento da inteligência artificial, que podem representar uma ameaça existencial para os seres humanos nos próximos séculos. A trajetória ascendente da Lei de Moore e os recentes avanços no aprendizado das máquinas convenceram muitos cientistas e tecnólogos de que devemos enfrentar uma nova decisão global: o que fazer com a ameaça potencial das máquinas "superinteligentes"? Se os computadores alcançarem um nível de inteligência em que podem superar os humanos em decisões com nuances, como emitir um veredito em um processo criminal complicado, é quase certo que terão sido programados por algoritmos evolutivos, em que o código segue uma espécie de versão altamente acelerada da seleção natural de Darwin. Os humanos programarão alguma base de código original, e então o sistema fará experimentos com variações aleatórias a uma velocidade vertiginosa, selecionando as variantes que melhorem a inteligência da máquina e modificando essa nova "espécie" de código. Se executarmos ciclos o suficiente, a máquina pode desenvolver uma sofisticação intelectual tão grande que não haverá programador humano capaz de entender como ela se tornou tão inteligente. Nos últimos anos, um número crescente de cientistas e líderes do setor tecnológico, como Bill Gates, Elon Musk e Stephen Hawking, alertaram que uma inteligência artificial superinteligente poderia representar uma potencial "ameaça existencial" para a humanidade.

VISIONÁRIOS

Tudo isso sugere que enfrentaremos uma decisão como planeta: vamos permitir a existência de máquinas superinteligentes ou não? É possível que "tomemos" a decisão da mesma maneira que os cidadãos de Nova York optaram por aterrar o Collect Pond ou que os inventores da era industrial decidiram encher a atmosfera de carbono. Em outras palavras, a faremos de modo totalmente desestruturado, de baixo para cima, sem nenhuma das deliberações de longo prazo que tal decisão exige. Seguiremos optando por computadores cada vez mais inteligentes porque, no curto prazo, são melhores para programar reuniões, preparar playlists para escutar durante os exercícios físicos e as viagens de carro. Mas essas escolhas não refletirão a ameaça potencial de longo prazo que as máquinas superinteligentes representam.

O que faz com que essas máquinas sejam tão perigosas? Para entender a ameaça, precisamos nos desfazer de alguns de nossos preconceitos humanos sobre as escalas de capacidade intelectual. Como afirma o teórico de inteligência artificial (IA) Eliezer Yudkowsky, temos uma "tendência humana a pensar no 'idiota da aldeia' e no 'Einstein' como os extremos da escala de inteligência, em vez de pontos quase indistinguíveis na escala das mentes em geral". Do ponto de vista de um rato, por exemplo, tanto o idiota da aldeia quanto Einstein são incompreensivelmente inteligentes. Passamos as primeiras décadas dos estudos sobre IA sonhando em construir máquinas que pudessem funcionar em um nível de inteligência do tipo "idiota da aldeia", ou talvez chegar à altura de Einstein. Mas, como o filósofo Nick Bostrom e Yudkowsky argumentam, não há motivo para acreditar que o nível de Einstein seja uma espécie de limite superior fundamental. "Longe de ser a espécie biológica mais inteligente possível", escreve Bostrom, "provavelmente somos considerados a espécie biológica mais estúpida possível capaz de iniciar uma civilização tecnológica — um nicho

A ESCOLHA GLOBAL

que ocupamos porque chegamos primeiro, não porque estamos de modo algum perfeitamente adaptados a ele". Impulsionada por algoritmos recursivos e autodidatas, a primeira IA verdadeira poderia facilmente passar pelo monte Einstein e ascender a um patamar mais alto, muito além da nossa imaginação.

O perigo que pessoas como Bostrom ou Hawking percebem não se parece exatamente com aqueles que vemos em versões típicas da ficção científica. Em primeiro lugar, não é em absoluto necessário que a IA se torne consciente (ou "autoconsciente", como em *O exterminador do futuro* original). Uma IA superinteligente pode desenvolver algum tipo de consciência alternativa, e é provável que seja completamente diferente da nossa. Mas também pode seguir sendo um vasto conjunto de cálculos inconscientes, capazes de se expressar, atuar e planejar em longo prazo, mas sem consciência de si mesma. Em segundo lugar, a IA não tem motivos para tornar-se malvada, vingativa ou ambiciosa (ou qualquer outra emoção antropomórfica) para destruir a civilização humana. Bostrom, por exemplo, quase não dedica tempo algum em seu influente livro *Superinteligência* a imaginar máquinas que se tornam senhores do mal; em vez disso, preocupa-se com os pequenos erros de comunicação na definição dos objetivos ou motivações da IA que poderiam levar a transformações globais ou até mesmo cósmicas. Considere programar uma IA com o objetivo mais aparentemente inócuo que poderíamos imaginar: a "maior felicidade ao maior número de pessoas" de Bentham. Podemos definir este como o valor geral e deixar que a máquina decida a melhor abordagem para torná-lo realidade. Maximizar a felicidade humana pareceria ser um objetivo perfeitamente louvável, mas a IA poderia criar um cenário que, embora tecnicamente alcançasse o objetivo, seria detestável de imediato para os humanos: talvez a IA distribua nanorrobôs em todos os cérebros do planeta, es-

VISIONÁRIOS

timulando de forma permanente os centros de prazer cerebrais e nos convertendo em zumbis sorridentes. A ameaça não é que, quando solicitada a decidir a melhor estratégia para combater uma crise ambiental, a IA ativamente nos desobedeça e, em vez disso, invada a rede do Departamento de Defesa e detone todo o seu arsenal nuclear porque desenvolveu alguma maldade inerente ou um desejo de conquista. A ameaça consiste em pedirmos que encontre a solução ideal para uma crise ambiental e ela decida eliminar a principal causa da crise, os seres humanos, porque não demarcamos o objetivo com clareza o suficiente.

Grande parte do debate sobre a IA superinteligente dedica-se a refletir sobre o que por vezes se chama de "problema de contenção", explorado brilhantemente no filme de Alex Garland, *Ex-Machina*: como manter o gênio da IA dentro da garrafa, sem deixar de aproveitar seus poderes. Será que os humanos poderiam desenvolver uma IA que fosse verdadeiramente superinteligente, mas ao mesmo tempo mantê-la sob controle para que uma instrução desenfreada não desencadeie uma catástrofe global? Na convincente apresentação de Bostrom, o problema é muito mais difícil do que pode parecer à primeira vista, em grande parte porque os seres humanos estariam tentando superar uma inteligência que é de uma ordem de magnitude mais avançada do que a sua própria. Conter a IA seria como um rato bolando um plano que influenciasse no avanço tecnológico humano e evitasse a invenção das ratoeiras.

De certa forma, estamos em um ponto do debate sobre a superinteligência que seria equivalente ao que se produziu nas discussões sobre o aquecimento global no fim dos anos 1980: um pequeno grupo de cientistas, pesquisadores e intelectuais públicos que extrapolam a partir das tendências do momento e preveem uma grande crise que surgirá gerações à frente. De acordo com uma

A ESCOLHA GLOBAL

enquete conduzida por Bostrom, a maior parte da comunidade de pesquisadores de IA acredita que a inteligência artificial sobre-humana ainda esteja a pelo menos cinquenta anos de distância.

Essa escala de tempo de várias gerações pode ser o elemento mais encorajador de um debate repleto de cenários apocalípticos. Os defensores do clima muitas vezes se queixam do ritmo lento das reformas políticas e corporativas, dada a magnitude da ameaça do aquecimento global. Mas devemos recordar que, diante das mudanças climáticas, estamos tentando tomar uma série de decisões sem precedentes na história da humanidade: decidir que intervenções regulatórias e tecnológicas pôr em ação para prevenir uma ameaça que pode não ter um impacto severo sobre a maioria dos seres humanos por muitas décadas, talvez mais. Apesar de todos os vieses e saltos intuitivos do Sistema 1, uma das características da inteligência humana é a tomada de decisões de longo prazo do Sistema 2: nossa capacidade de fazer sacrifícios no curto prazo a serviço de objetivos mais distantes, o planejamento e o pensamento antecipatório do *Homo prospectus*. Embora não sejamos nem um pouco infalíveis nisso, nós somos melhores nesse tipo de pensamento do que qualquer outra espécie do planeta. Mas nunca utilizamos essas habilidades decisórias para enfrentar um problema que ainda não existe, um problema que prevemos que surgirá em um futuro distante com base em nossa análise das tendências atuais.

Para ser claro: o homem tomou a decisão de desenvolver muitos projetos engenhosos com o objetivo expresso de garantir que resistam por séculos: pirâmides, dinastias, monumentos, democracias. Algumas decisões sobre infraestrutura, como o sistema de diques da Holanda ou os códigos de construção japoneses projetados para a proteção contra tsunamis, preveem ameaças que podem não se materializar por um século ou mais, embora não se trate

VISIONÁRIOS

de ameaças completamente novas: essas culturas sabem que devem se preocupar com inundações e tsunamis porque já tiveram essa experiência no passado. Algumas das decisões que tomamos, como a de adotar um sistema de governo democrático, foram elaboradas expressamente para resolver problemas ainda não descobertos por meio da incorporação da resiliência e da flexibilidade em seus códigos e convenções. Mas a maioria dos exercícios de planejamento de longo prazo consistia em preservar a ordem atual, não em fazer uma escolha preventiva que nos proteja das ameaças que podem surgir três gerações mais à frente. De certa forma, as analogias mais próximas das intervenções atuais sobre o clima (e a crescente discussão sobre a IA) são escatológicas: as tradições religiosas que nos encorajam a tomar decisões no presente com base em um Juízo Final previsto que pode não acontecer em décadas, ou até milênios.

Com a superinteligência, assim como com as mudanças climáticas, estamos tentando algo novo como espécie. Estamos pensando ativamente sobre as escolhas que fazemos *agora* a fim de chegar a um resultado melhor dentro de cinquenta anos. Mas a superinteligência é um empreendimento ainda mais ambicioso, porque o problema que estamos prevendo é qualitativamente diferente da realidade presente. As mudanças climáticas nos forçam a imaginar um mundo alguns graus mais quente do que o atual, com secas mais prolongadas, tempestades mais intensas, e por aí vai. Falamos que o aquecimento global está "destruindo o planeta", mas essa linguagem é hiperbólica: o planeta ficará bem, mesmo que não façamos nada para combater esse fenômeno. Mesmo no pior dos casos, o *Homo sapiens* como espécie sobreviveria a um aumento de cinco graus nas temperaturas da superfície, mas não sem um imenso sofrimento e mortalidade. Uma máquina superinteligente mesmo — capaz, por exemplo, de construir nanomáquinas autor-replicantes que devoram toda a vida baseada em carbono — po-

A ESCOLHA GLOBAL

deria significar até mesmo nossa extinção. Mas não há nada em nosso cenário atual ou em nossa história que se assemelhe a esse tipo de ameaça. É preciso imaginá-la.

Curiosamente, uma das principais ferramentas que utilizamos no momento de treinar nossa mente para ser capaz de tomar essa decisão transcendental foi a narrativa — a ficção científica, para ser mais específico, que se revela um fator determinante em algumas de nossas decisões de massa, equivalente ao papel que o planejamento de cenários desempenha nas nossas decisões de grupo. "Esse tipo de exercício é geralmente novo", sugere o escritor e futurista Kevin Kelly, "porque agora todos nós aceitamos que o mundo de nossos netos será notoriamente diferente do nosso, algo que antes não acontecia. Acredito que essa seja a função da ficção científica. Analisar, debater, ensaiar, questionar e nos preparar para o novo. Durante pelo menos um século, a ficção científica serviu para prever o futuro [...]. No passado, muitas leis proibiam novas invenções à medida que iam surgindo, mas não sei de nenhuma lei que as proibia antes de aparecerem. Eu interpreto isso como uma mudança cultural da ficção científica como entretenimento para a ficção científica como infraestrutura — um método de previsão necessário." As narrativas de ficção científica refletem sobre as armadilhas da inteligência artificial há pelo menos um século — do "cérebro global" de H. G. Wells e do HAL 9000 até *Ex-Machina* —, mas a questão só começou a ser debatida no mundo real e a fazer parte de nossas conversas há poucos anos. Os romances nos prepararam para enxergar o problema com mais clareza e nos ajudaram a compreender os limites de nossa racionalidade tecnológica. Não há dúvida de que as máquinas superinteligentes superarão a inteligência humana, realizando simulações por conjunto a velocidades inimagináveis, mas se conseguirmos evitar que destruam a vida como a conhecemos, será, em parte, porque

VISIONÁRIOS

as simulações muito mais lentas dos romances nos ajudaram a compreender a ameaça com mais clareza.

Dados os índices acelerados de mudança na sociedade moderna, o debate atual sobre a IA e seus possíveis perigos seria como um grupo de inventores e cientistas reunidos no início do século XIX, dizendo: "A Revolução Industrial sem dúvida nos tornará muito mais produtivos e, no longo prazo, melhorará nossos padrões de vida, mas, por outro lado, também estamos lançando na atmosfera grandes quantidades de dióxido de carbono, o que provavelmente acabará se voltando contra nós daqui a alguns séculos; portanto, deveríamos pensar numa maneira de prevenir esse problema." Mas, é claro, essa conversa nunca existiu, porque não tínhamos as ferramentas para medir os níveis de carbono no ar, nem simulações de computador que nos ajudassem a prever como esse carbono afetaria as temperaturas em nível global, nem um histórico de combate a outros poluentes industriais, nem instituições acadêmicas e governamentais que monitorassem as mudanças no clima e no ecossistema, nem romances de ficção científica que imaginassem um cenário em que as novas tecnologias de alguma maneira alteraram os padrões climáticos globais. Fomos inteligentes o suficiente para inventar motores a vapor, mas não espertos o bastante para prever seu impacto final no meio ambiente.

O debate sobre a IA é mais um lembrete do quanto já progredimos em nossa capacidade de tomar decisões com visão de futuro. Todas aquelas ferramentas, aqueles sensores e aquelas narrativas que nos permitiram identificar a ameaça das mudanças climáticas ou imaginar um apocalipse ocasionado pela IA constituem, em conjunto, sua própria forma de superinteligência.

"Somos como deuses", escreveu Stewart Brand meio século atrás. "Assim sendo, é melhor que fiquemos bons nisso." De fato, desenvolvemos poderes divinos sobre a atmosfera de nosso planeta em pouco menos de trezentos anos de indústria baseada em carbono. Mas será que já ficamos bons nisso? Provavelmente não. Contudo, aprendemos rápido. E sem dúvidas estamos tomando decisões globais com horizontes temporais que nossos antepassados imediatos teriam achado surpreendentes. É inevitável que decisões globais de longo prazo, como o Acordo de Paris, ainda enfrentem desafios: já é difícil o bastante pensar cinquenta anos à frente como indivíduo, imagine como sociedade. Mas a mera existência desses debates — IA, mudanças climáticas, METI — deixa claro que estamos começando a explorar um novo tipo de visão de futuro. Com a IA, todas as projeções de possíveis perigos futuros podem resultar em alarmes falsos, seja porque a verdadeira IA venha a ser mais difícil de se alcançar, seja porque descobrimos novas técnicas que minimizem o perigo antes que as máquinas atravessem o monte Einstein. Mas se a superinteligência artificial chegar a representar uma ameaça existencial, nossa melhor defesa provavelmente virá de nossos novos poderes de superinteligência *humana*: mapear, prever, simular, adotar uma visão de longo prazo.

A EQUAÇÃO DE DRAKE

A superinteligência, as mudanças climáticas e o METI têm outra propriedade em comum que transcende seus horizontes temporais estendidos. Trata-se de decisões que não podem ser devidamente avaliadas sem consultar uma grande quantidade de áreas de conhecimento. A ciência climática por si só é um híbrido de diversos campos: química molecular, ciência atmosférica, dinâmica de fluidos, termodinâmica, hidrologia, ciência da computação, ecologia e muito mais. Definir o problema das mudanças climáticas exigia

VISIONÁRIOS

não só as simulações digitais do Cheyenne, como também uma colaboração verdadeiramente heroica entre disciplinas distintas. Mas decidir o que fazer a respeito das mudanças climáticas requer também um conjunto completamente diferente de campos de conhecimento, como ciências políticas, economia, história industrial e psicologia comportamental, por exemplo. O problema da superinteligência ampara-se na experiência em inteligência artificial, evolução, e design de software, mas as investigações filosóficas e os futuros imaginários da ficção científica também contribuíram muito para esse campo. Em todo processo decisório de espectro completo, é necessária alguma diversidade intelectual, é óbvio; mesmo as escolhas mais íntimas, como veremos no capítulo seguinte, dependem de diversos grupos de experiência para estabelecer um caminho ideal. Mas nessas decisões de massa, que podem muito bem implicar em um risco existencial para nós mesmos como espécie, é necessária a intervenção de uma fatia ainda mais ampla do espectro.

Pouco mais de uma década antes de transmitir sua famosa Mensagem de Arecibo — aquela que, por definição, não pode receber uma resposta pelos próximos 100 mil anos —, Frank Drake esboçou uma das grandes equações da história científica moderna, buscando enquadrar a decisão de tentar ou não entrar em contato com outras formas de vida em outros planetas. Se começarmos a explorar o cosmos em busca de sinais de vida inteligente, perguntou Drake, quais são as chances de realmente detectarmos alguma coisa? A equação não gerou uma resposta clara; foi mais uma tentativa de construir um mapa de espectro completo de todas as variáveis relevantes. Em forma matemática, a equação de Drake é assim:

$$N = R^* \times fp \times ne \times fl \times fi \times fc \times L$$

A ESCOLHA GLOBAL

N representa o número de civilizações comunicativas que existem na Via Láctea. A variável inicial R^* corresponde à taxa de formação estelar na galáxia, que nos dá efetivamente o número total de possíveis sóis que poderiam sustentar a vida. As demais variáveis servem como uma espécie de sequência de filtros em cadeia: dado o número de estrelas que existem na Via Láctea, que fração delas tem planetas e quantas têm um ambiente capaz de abrigar a vida? Nesses planetas potencialmente hospitaleiros, com que frequência a vida de fato emerge, que parcela dessa vida evolui até se tornar inteligente e, por fim, que parcela dessa vida chega a transmitir ao espaço sinais detectáveis que indiquem a existência de uma civilização? Ao fim de sua equação, Drake acrescentou a importante variável L, que é a média de tempo durante a qual essas civilizações emitem sinais.

Não sei de nenhuma outra equação que combine com tanta elegância tantas disciplinas intelectuais numa única estrutura. À medida que avançamos da esquerda para a direita na equação, passamos da astrofísica à bioquímica da vida, à teoria da evolução, à ciência cognitiva, até chegar às teorias do desenvolvimento tecnológico. O valor que atribuímos a cada variável da equação de Drake acaba por revelar uma visão completa de mundo. Talvez pensemos que a existência de vida é uma raridade, mas quando surge, a vida inteligente normalmente tende a continuar existindo; ou talvez acreditemos que a vida microbiana é onipresente em todo o cosmos, mas os organismos mais complexos quase nunca chegam a se formar. A equação é notoriamente suscetível a produzir resultados muito diferentes, dependendo dos números que atribuímos a cada variável.

O valor mais provocativo é o último: L, a expectativa média de vida de uma civilização que transmite sinais. Não precisamos sofrer da síndrome de Poliana para defendermos um valor L relati-

VISIONÁRIOS

vamente alto. Basta acreditarmos que é possível que as civilizações se tornem fundamentalmente autossuficientes e sobrevivam por milhões de anos. Mesmo que uma em cada mil formas de vida inteligentes no espaço gere uma civilização de um milhão de anos, o valor de L apresenta um aumento significativo. Mas se atribuímos a L um valor baixo, isso nos leva a outros questionamentos: o que o mantém baixo? As civilizações tecnológicas seguem piscando pela Via Láctea, como se fossem vaga-lumes no espaço? Elas ficam sem recursos? Elas explodem?

Desde que Drake esboçou a equação pela primeira vez, em 1961, dois acontecimentos fundamentais modificaram nossa compreensão do problema. Primeiro, o produto dos três primeiros valores da equação (que representam nossa melhor estimativa do número de estrelas com planetas habitáveis) aumentou em várias ordens de magnitude. E, segundo, passamos décadas atentos a sinais e não ouvimos nada. Se o valor do planeta habitável segue aumentando sem que nenhum sinal de vida inteligente apareça em nossos aparelhos de medição, a pergunta que nos cabe é: quais das outras variáveis são os filtros? Talvez a existência de vida em si seja surpreendentemente rara, até mesmo em planetas habitáveis. A partir de nossa perspectiva, como seres humanos que vivem nas primeiras décadas do terceiro milênio, perguntando-nos se estamos flertando com riscos existenciais mediante nossa arrogância tecnológica, queremos que o surgimento de vida inteligente seja surpreendentemente raro; se o contrário for verdade, e existir vida inteligente em abundância na Via Láctea, então os valores de L podem ser muito baixos, talvez medidos em séculos, e não em milênios. Nesse caso, a adoção de um estilo de vida avançado em termos tecnológicos poderia ser efetivamente simultânea à extinção. Primeiro inventamos o rádio, depois as tecnologias capazes de destruir toda a vida em nosso planeta e, pouco depois, apertamos o botão e nossa civilização acaba.

A ESCOLHA GLOBAL

Talvez seja esse o irônico destino de qualquer espécie que alcance a visão de futuro de um *Homo prospectus*. Pode ser que toda vez que uma espécie de algum planeta semelhante à Terra desenvolva uma forma de inteligência avançada o suficiente para imaginar futuros alternativos e transformá-los em realidade, esse salto cognitivo provoque uma reação em cadeia de uma escalada tecnológica que, em última análise, prive essa espécie de seu próprio futuro. O silêncio inicial que saudou nossas sondas SETI até agora sugere que se trata, no mínimo, de uma possibilidade. Mas talvez essa escalada seja uma corrida armamentista que não está fadada a terminar em apocalipse. Talvez os valores de L sejam altos e o universo esteja repleto de vida inteligente que foi capaz de atravessar o buraco da agulha da industrialização sem resultar em catástrofe. Talvez seja possível inventar formas de escolhermos com visão de futuro como sociedade com mais rapidez do que inventar novas formas de nos destruirmos. Sem dúvida, é essencial que tentemos. Se essas máquinas superinteligentes de fato conseguirem ajudar a civilização humana, e não desencadearem acidentalmente a extinção em massa que Bostrom e Hawking temem, será porque terão aprendido como tomar decisões que avaliem todo o espectro de variáveis e consequências, que executem simulações por conjunto que lhes permitam desvendar todas as consequências imprevistas e descobrir novas opções. E talvez as máquinas desenvolvam por conta própria essa visão de futuro, por meio de algum tipo de algoritmo autodidata. Mas não seria melhor se, a essa altura, já soubéssemos o suficiente para dar a eles um ponto de partida?

5

A ESCOLHA PESSOAL

> Seu mundo atravessava uma fase de mutação convulsiva;
> só uma coisa ela podia dizer para si mesma com a devida
> clareza: que devia esperar e repensar tudo aquilo.
>
> GEORGE ELIOT, *MIDDLEMARCH*

> Diante da impossibilidade de vir a entender, ou até mesmo
> a conhecer uma pequena parte do conjunto de objetos que
> nos são apresentados nos livros e na vida para contemplar-
> mos, estou prestes a me sentar e chorar. Que tempo me
> resta, então, para as coisas que nunca existiram?
>
> TRECHO DO DIÁRIO DE MARY ANN EVANS AOS 16 ANOS

Em janeiro de 1851, Darwin pegou o caderno em que vinha
registrando seus tratamentos de hidroterapia e anotou um
novo título: "Annie." Após anos sendo o membro de sua família
com mais queixas de saúde, Darwin acabou por passar de paciente
a médico, dessa vez cuidando de Annie, sua querida filha de 10
anos. Annie e as irmãs foram acometidas pela escarlatina em 1849

VISIONÁRIOS

e, embora suas outras duas filhas tenham se recuperado por completo, nos meses seguintes Annie permaneceu frágil. No fim de 1850, teve uma febre muito alta e começou a vomitar. ("Temo, e me entristece pensar, que ela tenha herdado minha péssima digestão", escreveu Darwin em seu diário.) Os Darwin consultaram o Dr. Gully no spa de Malvern e começaram a aplicar na filha uma versão caseira da hidroterapia. Charles foi anotando diariamente os resultados em seu caderno.

Em março de 1851, a saúde de Annie havia se deteriorado ao ponto de uma intervenção mais drástica parecer necessária; então, os Darwin tomaram a fatídica decisão de levar a filha a Malvern para que fosse tratada diretamente pelo Dr. Gully. Darwin a acompanhou e escrevia com regularidade a Emma, que à época estava no terceiro trimestre de gravidez, para mantê-la informada. O Dr. Gully lhe oferecia tratamentos que variavam de inúteis (um emplasto de mostarda que ele aplicava regularmente sobre a barriga da criança) a absolutamente tóxicos (o médico receitou um "remédio" de cânfora e amônia, esta última, um veneno mortal). O mais preocupante é que ela desenvolveu sintomas parecidos com os da febre tifoide, o que sugeria que, talvez, as constantes imersões nas águas de Malvern não fossem tão saudáveis quanto Gully afirmava. Quando a menina por fim morreu, em 23 de abril, Gully escreveu no atestado de óbito uma explicação evasiva como causa da morte: "Febre biliosa com características tifoides."

A morte de Annie constituiu uma grande tragédia na vida de Darwin. "Hoje, ao meio-dia em ponto, caiu em sono eterno com toda calma e doçura", escreveu ele de Malvern a Emma. "Nossa pobre e querida filha teve uma vida muito curta, mas confio que tenha sido feliz. Não me recordo de tê-la visto se comportar mal em momento algum. Que Deus a abençoe. Devemos nos dedicar cada vez mais um ao outro, minha amada esposa." Mais tarde, em

A ESCOLHA PESSOAL

seu diário, ele escreveu: "Perdemos a alegria da casa e o consolo de nossa velhice. Ah, se ela pudesse saber agora quão profundamente, quão ternamente ainda amamos e amaremos sempre seu querido rosto alegre."

A morte da filha fez Darwin passar de cético religioso a descrente convicto. "As doutrinas da Bíblia com as quais Emma se consolava eram, para ele, obstáculos insuperáveis", escreve sua biógrafa Janet Browne, "nem mesmo com um desejo irresistível de acreditar numa vida após a morte para Annie". Ele deixou de frequentar as cerimônias da igreja; em vez disso, acompanhava Emma e as crianças até a porta da capela local nas manhãs de domingo e depois caminhava pela vizinhança durante a missa.

Mas a morte de Annie não só intensificou seu ateísmo, como acrescentou uma nova e devastadora complicação à decisão que vinha remoendo havia mais de uma década: publicar ou não sua radical teoria da evolução. O conceito da seleção natural sempre tivera um poder inconstante sobre Darwin. Desde o início, sentiu-se dividido entre o desejo de proferi-lo a plenos pulmões e o desejo de mantê-lo trancado numa gaveta. Mas a morte de Annie o arrastou em mais direções, e com mais força. Tendo passado mais de uma década explorando os parâmetros de sua teoria — anotando todas as objeções que fosse capaz de imaginar e, uma a uma, derrubando-as —, Darwin estava cada vez mais convencido de que tinha em mãos uma das ideias mais importantes do século, quiçá do milênio. Isso fez com que se sentisse ansioso para compartilhá-la, tanto por ser verdade quanto porque seria inevitavelmente reconhecido pela conquista. Ele foi, ao mesmo tempo, movido por um impulso sobre-humano de compreender o mundo e um desejo totalmente humano de ter seu mérito validado.

Mas Darwin também foi impulsionado por seu apego a Emma e seus filhos, sem contar a memória de Annie. Essa foi a dualidade de toda a noção de ser "reconhecido" por seu trabalho. Ele se tornaria *o* Darwin, aquele que tinha ideias perigosas. Não era descabido pensar que receberia algum tipo de denúncia formal por parte da Igreja. O abismo que sempre o havia separado de Emma no que dizia respeito às suas crenças religiosas tornou-se ainda maior e mais turbulento depois da morte da filha. Foi a fé na salvação e na vida após a morte que manteve Emma ativa. Difundir suas ideias heréticas pelo mundo seria o equivalente a pôr pedras nos bolsos da esposa. Ele poderia até estar preparado para sofrer a humilhação pública da condenação, mas não estava pronto para sofrer a culpa particular de desafiar a fé de sua esposa enlutada.

É difícil imaginar uma decisão que abarque um espectro tão amplo, dos sentimentos mais íntimos de amor e perda compartilhados com sua companheira até as mudanças tectônicas das crenças religiosas de uma sociedade. O simples ato de traçar as vias de impacto por si só exigia uma vasta tela. A seleção natural veio a ser uma dessas raras ideias que reverberam por séculos. Amplificado pelo argumento posterior de Darwin a favor de um antepassado comum compartilhado por humanos e macacos, o conceito ofereceria a mais empírica das três renúncias de Deus da era vitoriana, que fizeram da descrença parte da corrente principal da opinião popular. Marx atuou no front político. Nietzsche, no filosófico. Mas Darwin o fez com *provas*.

Creio que seja justo dizer que a maioria de nós nunca se verá diante de uma decisão de tamanha magnitude. Portanto, provavelmente podemos perdoar Darwin por nunca ter de fato conseguido tomar a decisão. Ele optou por postergá-la, até que Alfred Russel Wallace ameaçou — da maneira mais civilizada possível — publicar suas próprias descobertas independentes sobre os princípios que Darwin vinha refletindo em particular havia duas décadas. A decisão que havia considerado até aquele momento não se mostrou

A ESCOLHA PESSOAL

difícil porque a previsão era obscura. Darwin estava certo na parte preditiva: a evolução mudaria tudo. Foi difícil porque os valores profundos em jogo eram fundamentalmente irreconciliáveis. Não havia uma terceira maneira de difundir a teoria da evolução *sem* questionar as doutrinas do cristianismo, sem anunciar ao mundo que o consolo de sua esposa não passava de um mito.

Ou talvez, sem que estivesse totalmente consciente disso, Darwin chegou a pensar numa terceira opção: permanecer suspenso numa espécie de estado de distração — pesquisando suas cracas e seus pombos, revisando seus rascunhos — até que alguém o forçasse a fazer algo a respeito. Quando enfim publicou *A origem das espécies*, já fazia muito tempo que Emma havia se reconciliado com a falta de fé do marido, e ele dificilmente poderia ser julgado por querer publicar sua teoria com seu próprio nome primeiro.

O que me parece tão fascinante e trágico sobre a decisão de Darwin é que de alguma maneira ela conseguiu ser ao mesmo tempo dolorosamente íntima e imensamente pública. As consequências futuras dessa decisão deram forma tanto ao amor e à fé de sua esposa *quanto* à nossa compreensão coletiva do lugar que a humanidade ocupa no universo. E, no entanto, apesar de seu grande alcance, não se tratava de uma decisão que poderia ser tomada por uma *charrette*, nem por voto democrático ou por um júri; era uma decisão que, em grande medida, precisava ser julgada na própria mente de Darwin, com a ajuda de sua esposa e de seus amigos mais próximos. E, embora seja verdade que pouquíssimos de nós chegaremos a enfrentar uma decisão com um espectro tão amplo de consequências, também é certo que a maioria das decisões pessoais importantes que tomamos ao longo da vida exige algum tipo de deliberação de espectro completo. Pode ser que seu tempo de duração seja medido em anos ou décadas — e não séculos, como na escolha de Darwin, ou na escolha de aterrar o

VISIONÁRIOS

Collect Pond —, mas elas têm em comum os mesmos desafios fundamentais que existem em muitas das decisões que exploramos nos capítulos anteriores: como tomar uma situação complexa e multivariável, moldada por muitas "pressões singelas", e traçar uma trajetória rumo ao futuro.

VÁ PARA OESTE, HOMEM DE MEIA-IDADE

Este livro remonta a uma decisão pessoal em minha própria vida, que ainda reverbera conforme eu o escrevo, sete anos após ter começado a refletir sobre o assunto. Durante o inverno de 2011, enquanto eu passava por cima da camada de neve de quase um metro de altura que cobria nossa calçada no Brooklyn do fim de dezembro até fevereiro, me ocorreu a ideia de que era hora de me mudar para a Califórnia. Havia passado metade da minha vida em Nova York: primeiro em Morningside Heights, durante meus anos de graduação; depois fui morar com minha esposa e tivemos nosso primeiro filho no West Village; mais para a frente, assim como muitos de meus amigos nova-iorquinos, nos mudamos para o Brooklyn quando nosso segundo filho estava a caminho. Foram duas décadas emocionantes, mas, conforme fui envelhecendo, meus argumentos internos a favor da Califórnia davam as caras sempre em fevereiro, tão previsíveis quanto o próprio clima gelado, e depois iam embora com a chegada da primavera. Até que, por fim, eles lançaram âncora.

Passei bastante tempo justificando para mim mesmo a mudança antes de apresentar a ideia à minha esposa. Nossos filhos tinham a idade perfeita para a aventura, eu me convenci: grandes o suficiente para apreciá-la, mas não grandes a ponto de recusarem a mudança porque não podiam deixar seus amigos para trás. Deixar passar

A ESCOLHA PESSOAL

essa oportunidade, mesmo que por alguns anos, parecia um tremendo desperdício. E, por mais que eu amasse Nova York, e em especial o Brooklyn, também havia coisas para amar na Califórnia, sobretudo a Bay Area — sua lendária beleza natural, sua longa história como impulsionadora de mudanças culturais e novas ideias.

Havia também um argumento filosófico a favor da mudança: eu tinha começado a pensar que esse tipo de mudança era intrinsecamente bom, independentemente do local para onde fôssemos. Um velho amigo que havia migrado para a Costa Oeste dos Estados Unidos alguns anos antes me disse que o lado bom de se mudar é que a alteração de contexto nos ajuda a entender a nós mesmos e a nossa família com mais profundidade: temos a oportunidade de ver tudo aquilo de que realmente gostávamos em nosso antigo lar — e as coisas que sempre nos incomodaram sem que nos déssemos conta de verdade. Assim como um bom estudo de caso-controle em um experimento científico, o contraste nos permitia ver aquilo que de fato importava. Mudar o plano de fundo nos ajudava a enxergar o primeiro plano com mais clareza.

E então havia a passagem do tempo. Outro amigo de longa data — que estivera comigo em Nova York por duas décadas, os dois vendo os filhos crescerem na velocidade da luz — me enviou um e-mail opinando sobre a decisão de me mudar para o oeste: "Mudanças desse tipo desaceleram o tempo", escreveu. Quando vivemos em nossa rotina, frequentando os mesmos lugares, o tempo parece acelerar — faz só quatro anos que nosso filho mais novo nasceu? Mas todas as complexidades de uma mudança — descobrir onde viver, como chegar lá, e então navegar por todas as novas realidades do novo ambiente — significam que os minutos e as horas que antes passavam como uma espécie de processo de fundo, a lembrança repetitiva de estar constantemente passando por lugares conhecidos, se fazem de repente muito conscientes.

VISIONÁRIOS

É preciso descobrir, e ter que descobrir as coisas nos torna mais conscientes dos dias e dos meses que se passam. Nós nos desorientamos, ou pelo menos temos que pensar durante um tempo até conseguirmos recuperar o senso de orientação.

Portanto, é por isso que deveríamos nos mudar, afirmei ao meu próprio coro interno: pelo efeito positivo que teria em nossos filhos, pela beleza natural, pelo clima, pelo centro tecnológico da Bay Area, pelos vários amigos que pouco tinha visto nos últimos vinte anos. E, acima de tudo, a mudança nos ajudaria a desacelerar a passagem do tempo.

Para ser sincero, eu sentia que havia construído uma base bastante sólida, talvez até mesmo poética, para a mudança. Além da simples demografia da mudança em si, que consistia em cinco novos residentes que se somariam à população da Califórnia e cinco a menos nos números de Nova York, não se tratava em absoluto de uma decisão pública. E, no entanto, até mesmo minha lista inicial de argumentos a favor da mudança ocupava grande parte do espectro. A análise de custo-benefício tinha vários níveis, por mais que eu visse principalmente benefícios. A opção de nos mudarmos para a Califórnia era em parte uma decisão financeira sobre o custo de vida numa cidade grande *versus* em um subúrbio, mas também levantava questões psicológicas acerca da importância da presença de natureza em nossa vida e na vida de nossos filhos. Para mim, tratava-se também de uma decisão sobre a trajetória que eu queria para mim: eu seria o tipo de pessoa que vivia em um lugar durante a maior parte da vida adulta ou seria alguém que passa períodos de tempo significativos em diferentes lugares? Havia também outros fatores quantificáveis a considerar: as escolas, o clima, as implicações práticas de vender nossa casa no Brooklyn.

Darwin tinha sua lista particular de prós e contras. Eu transformei meu argumento, de maneira bastante embaraçosa, numa

A ESCOLHA PESSOAL

apresentação de PowerPoint, sentei minha esposa na frente do meu computador em um dia de neve em fevereiro e lhe expliquei os motivos. Mais tarde, me dediquei a escrever cartas, de três a quatro páginas com espaçamento simples, em que repassava a lógica como eu a via na época.

Mas, por mais abrangente que eu tivesse julgado ser meu mapa, a resposta da minha esposa à argumentação inicial me fez perceber que estava apenas no início do inventário de todos os tópicos. O mapa dela era mais social e mais político. Nós tínhamos muitos amigos em nossa vizinhança no Brooklyn que conhecíamos havia vinte anos ou mais; quanto nos custaria perder nossa conexão cotidiana com essas pessoas e abrir mão de toda a experiência de criar os filhos com um grupo unido de velhos amigos que vivem a uma curta distância? E o que significava trocar o estilo de vida pedestre do Brooklyn por uma existência nos subúrbios da Califórnia, em que seria necessário ter um carro para tudo?

O problema tornou-se um cabo de guerra de meses, até que, no fim das contas, encontramos uma solução sobre a qual ainda não havíamos pensado, uma opção diferente que levou a decisão para além da simples opção de "sim ou não" que eu tinha proposto a princípio: decidimos nos mudar para a Califórnia por dois anos, mas também acertamos que, após esse experimento, se minha esposa quisesse voltar para o Brooklyn, nós voltaríamos, sem mais perguntas. Naquele momento, parecia uma boa ideia, e, olhando em retrospecto depois de sete anos, acredito que minha esposa e eu concordaríamos que de fato foi. Mas a experiência da mudança em si foi, sem sombra de dúvida, o episódio mais traumático de nosso casamento. Nós fomos parar em um bairro em que minha esposa não conhecia quase ninguém; ela se sentia tragicamente desconectada de todos os amigos da Costa Leste. Eu acabei tendo que viajar durante os primeiros meses de nossa chegada para pro-

VISIONÁRIOS

mover um livro novo que havia lançado, e, portanto, toda vez que eu desembarcava de um avião, a beleza da Bay Area me parecia um refúgio inalcançável, uma nova vida. A distância entre nossas perspectivas era imensa. Ela estava deprimida; eu me sentia liberto.

Pouco a pouco, a distância foi diminuindo: ela aprendeu a apreciar os muitos encantos da Bay Area; eu comecei a sentir falta dos amigos que ficaram em Nova York e dos prazeres de que podemos desfrutar em um passeio pelas calçadas da cidade. Por fim, chegamos a uma opção adicional que mal havíamos considerado quando propus a mudança: tentaríamos construir uma vida em ambas as costas, passando parte do tempo no Brooklyn e parte na Califórnia. Mas muitas vezes revisitei essa opção e me perguntei se dessa maneira teríamos sido capazes de conciliar melhor nossos valores desde o início. É claro, algumas das práticas específicas que exploramos aqui poderiam parecer um tanto cômicas ao serem utilizadas no enfrentamento de uma decisão pessoal. Conduzir uma *charrette* multidisciplinar, por exemplo, ou desenvolver um jogo de guerra para simular nossa mudança para a Califórnia provavelmente não elucidaria a escolha. Mas os princípios gerais de abordar a decisão a partir de diversas perspectivas, desafiar nossas suposições e fazer um esforço explícito de mapear as variáveis constituem técnicas que sem dúvida nos ajudariam a tomar uma decisão mais bem fundamentada e com certeza seriam um avanço em relação à álgebra moral da lista de prós e contras de Ben Franklin.

No entanto, a ciência desses tipos de decisões pessoais inevitavelmente carece de clareza. Temos muito conhecimento sobre as decisões deliberativas de grupo porque conduzimos diversas simulações em forma de experimentos controlados com júris de mentira, jogos de guerra e investigações de crimes fictícios. Mas é muito mais difícil simular uma decisão íntima em um experi-

A ESCOLHA PESSOAL

mento de laboratório — quer envolva mudar-se para a Califórnia, casar-se ou qualquer outra escolha pessoal que defina o rumo de nossa vida particular. Para decisões desse tipo, podemos aprender com uma forma diferente de simulação.

A ESCOLHA DE DOROTHEA

Em algum momento, mais ou menos na época em que comecei a argumentar a favor da mudança para a Califórnia, pouco depois de completar 40 anos, voltei a ler romances. Eu havia estudado literatura inglesa na pós-graduação; portanto, quando estava na casa dos 20, passei boa parte do tempo lendo atentamente — e, verdade seja dita, às vezes com muito esforço — as narrativas em três volumes de Eliot, Dickens, Balzac e Zola. Mas, por volta dos 25 anos, havia desenvolvido um interesse tardio pela história da ciência; então, passei mais ou menos uma década me atualizando e lendo quase que exclusivamente livros de não ficção. No entanto, fazer 40 anos mudou tudo: de repente descobri que precisava da companhia dos romances. Começar a vislumbrar uma trajetória mais longa da minha vida fez com que esse tipo de narrativa assumisse uma importância cada vez maior para mim. E um dos primeiros romances a que voltei foi um que havia me causado a impressão mais vívida nos meus 20 anos: *Middlemarch*.

Middlemarch representa muitas coisas distintas para cada um de seus muitos leitores, mas, ao lê-lo com 40 e poucos anos — enquanto contemplava uma decisão importantíssima em minha própria vida —, ficou claro que o romance oferecia um retrato notavelmente vívido e rico em nuance de como funciona o processo mental da tomada de decisões de uma maneira que não fui capaz de perceber na casa dos 20 anos. Eu ainda não tinha acertado a

VISIONÁRIOS

metáfora, mas o que eu respondia naquele momento era à capacidade de George Eliot de criar um mapa de espectro completo em que mostrava as muitas escalas de experiência que se ativam durante um processo de tomada de decisões complexas, inclusive do tipo de decisão que gira em torno de interesses privados ou pessoais. Pense na intensidade do ruído do monólogo interno como o ponto mais alto do espectro; nas alianças inconstantes de amigos e parentes e nas fofocas da cidadezinha como o ponto médio; e na lenta e por vezes invisível reviravolta da história tecnológica ou da história moral como o ponto mais baixo do espectro. Alguns romances se desenvolvem melhor na banda estreita. Concentram-se no monólogo interno ou na esfera pública. Mas outros cobrem todo o espectro. Mostram como esses momentos íntimos de intensidade emocional estão inevitavelmente ligados a um contexto político mais amplo; como as mudanças tecnológicas que se propagam pela sociedade podem repercutir no casamento; como os mexericos dos habitantes de uma cidade pequena podem afetar a situação econômica de cada um. Essa análise de espectro completo pode fazer com que a arte se torne atraente, como acontece com *Middlemarch*, mas também serve a um propósito mais instrutivo, porque as decisões complexas que enfrentamos em nossa própria vida são, quase por definição, assuntos de espectro completo.

Já vimos alguns desses retratos na cena que transmite a frustração de Lydgate com as pressões singelas que deram forma à sua decisão de substituir o pastor da cidade. Mas a decisão central de *Middlemarch* pertence à sua heroína, Dorothea Brooke. Vale a pena traçar um mapa de todo o espectro da escolha de Dorothea para demonstrar quão sutil e abrangente o relato de Eliot realmente é. Mas é possível substituir qualquer outra decisão literária, algumas delas heroicas, outras trágicas, por esta: a fatídica decisão de Lucien Chardon de falsificar a assinatura do cunhado em três

A ESCOLHA PESSOAL

notas promissórias na parte final de *Ilusões perdidas*, de Balzac; a agonia da família Lambert sobre o que fazer com seu patriarca, cada vez mais senil, em *As correções*, de Jonathan Franzen. Outras formas narrativas também podem lançar luz sobre a tomada de decisões de espectro completo: pense na escolha de Michael Corleone de assassinar o irmão em *O Poderoso Chefão – Parte II*, ou no final de Walter White na última temporada de *Breaking Bad*. Todas essas narrativas têm reviravoltas de trama convincentes e personagens vividamente representados, mas o que as torna tão chamativas no contexto do que estamos abordando aqui é a precisão com que traçam um mapa das forças multidimensionais que influem na escolha em si. Mergulhar nessas histórias é, em certo sentido, praticar os tipos de exercícios de mapeamento necessários em nossa própria vida.

Nos primeiros capítulos de *Middlemarch*, Dorothea comete um erro espantoso ao se casar com um velho e severo erudito chamado Edward Casaubon, inspirada não por uma paixão romântica por Casaubon, mas pela ideia de uma grande colaboração intelectual, de ajudá-lo em sua épica busca pela descoberta da "chave de todas as mitologias". (A seriedade juvenil de Dorothea parece ter se baseado no próprio temperamento de Eliot na juventude.) No fim das contas, Casaubon vem a ser um dos grandes fiascos da literatura: por mais distantes e austeras que sejam suas relações conjugais, seu trabalho profissional como acadêmico se mostra ainda mais decepcionante para Dorothea, que logo vê seu grande projeto como uma espécie de labirinto sem fim, um labirinto de alusões clássicas sem um padrão subjacente que dê sentido às coisas. Na lua de mel em Roma, quando seu otimismo de recém-casada começa a perder força, ela conhece um jovem reformador político chamado Will Ladislaw, um primo de Casaubon sem perspectivas econômicas graças ao casamento escandaloso de sua mãe com um

VISIONÁRIOS

músico polonês. Ladislaw e Dorothea desenvolvem uma amizade platônica, mas intensa, pois a energia e as ambições políticas de Ladislaw oferecem um contraste bem-vindo ao mausoléu intelectual de sua vida de casada, que se torna ainda mais deprimente quando regressa a Lowick Manor, a grande propriedade de Casaubon na cidade de Middlemarch. Detectando — corretamente, por sinal — as sementes de uma grande paixão, Casaubon acrescenta com rancor um codicilo secreto em seu testamento, determinando especificamente que Dorothea perderá o direito a todo o seu patrimônio caso venha a se casar com Will Ladislaw após a sua morte.

No quinto livro de *Middlemarch* — que recebe o memorável título "A mão-morta"—, Casaubon sucumbe a um problema cardíaco e Dorothea fica sabendo da cláusula que o falecido marido havia acrescentado ao testamento. Eliot nos conduz para dentro da agitada consciência de Dorothea à medida que ela vai assimilando a notícia:

> Poderia comparar sua experiência desse momento à vaga e alarmada consciência de que sua vida estava assumindo uma nova forma, de que ela sofria uma metamorfose na qual a memória não se ajustaria à atuação dos novos órgãos. Tudo ia mudando de aspecto: a conduta de seu marido, seu próprio senso do dever em relação a ele, cada desavença entre os dois — e, em ritmo ainda mais acelerado, toda sua relação com Will Ladislaw. Seu mundo atravessava uma fase de mutação convulsiva; só uma coisa ela podia dizer para si mesma com a devida clareza, que devia esperar e repensar tudo aquilo. Uma mudança a aterrava como se fosse um pecado; era uma violenta onda de repulsa contra seu finado marido, que havia tido pensamentos ocultos, talvez pervertendo tudo o que ela dizia e fazia. Depois, tomou consciência de outra mudança que a deixava igualmente

A ESCOLHA PESSOAL

trêmula; era um abrupto e estranho anseio do coração em relação a Will Ladislaw.

Nessas linhas, sentimos a vertigem de uma mente que enfrenta uma revisão radical de sua vida nos últimos anos, revisão que, por sua vez, sugere novas possibilidades para o futuro. Essa transformação — "uma metamorfose na qual a memória não se ajustaria à atuação dos novos órgãos" — prepara o terreno para a decisão que pairará pelo restante do romance: obedecer às determinações da mão-morta ou sacrificar seu patrimônio e confirmar as piores suspeitas do falecido marido casando-se com Will Ladislaw.

Nas mãos de uma romancista como Jane Austen, essas variáveis teriam sido suficientes para impulsionar a narrativa: ela seguirá seu coração e fugirá com Ladislaw, ou tomará a decisão mais inteligente do ponto de vista econômico e manterá o controle de Lowick Manor? Se a definirmos nesses termos, a escolha de Dorothea teria sido efetivamente uma decisão de banda dupla, uma escolha entre emoção e economia. Em vez disso, Eliot transforma a escolha de Dorothea numa questão de espectro completo, moldada pelas pressões singelas de todas as diferentes escalas da experiência social.

Ao contrário das heroínas de Austen — muitas das quais de grande inteligência e independência de espírito, mas nenhuma ambição profissional —, Dorothea tem em mente uma carreira legítima: supervisionar o desenvolvimento de Lowick Manor com planos progressistas, construindo dentro de suas terras o que hoje chamaríamos de um conjunto habitacional para pessoas de baixa renda. "Tenho uns planos que me encantam", diz ela à irmã. "Eu gostaria de pegar um bom pedaço de terra, drená-lo e criar uma pequena colônia, onde todos trabalhassem e o trabalho fosse sempre bem feito. Conhecendo a todos, de todos eu me faria amiga."[1]

VISIONÁRIOS

As ambições de Dorothea para Lowick derivam de novas correntes intelectuais que haviam ampliado o leque de opiniões na segunda e terceira décadas do século XIX, especificamente o movimento cooperativo iniciado pelo socialista galês Robert Owen. Quando os personagens de Austen falam de "melhorias" em suas propriedades, na virada do século, as mudanças propostas estão quase totalmente a serviço da eficiência econômica da propriedade mediante a adoção de técnicas agrícolas modernas. Uma geração mais tarde, Dorothea está decidida a melhorar a vida de seus inquilinos.

Dorothea contrata um administrador de bens da região chamado Caleb Garth para ajudá-la a pôr em prática seu plano para Lowick. Possivelmente a figura mais santa do livro, Garth está se recuperando de uma tentativa malsucedida de se tornar o que hoje chamaríamos de promotor imobiliário, construindo e alugando suas propriedades. Quando surge pela primeira vez na história, ele ganha seu sustento como agrimensor, desprezado por algumas das famílias mais ricas da cidade, que um dia já pertenceram à mesma categoria social que ele. A perspectiva de administrar a propriedade Lowick lhe oferece uma oportunidade importante de recuperar uma base financeira sólida. No entanto, Dorothea busca sua ajuda por outros motivos, com raízes no passado que vão além das ideologias do movimento cooperativo. Além disso, ambos estão unidos pelo maior desenvolvimento tecnológico da década:

> Com esse bom entendimento entre eles, era natural que Dorothea pedisse ao Sr. Garth para se incumbir de quaisquer negócios ligados às três fazendas e às numerosas casas de moradia agregadas à herdade de Lowick; sua expectativa de ter trabalho para dois estava de fato sendo preenchida. Como dizia ele, "Negócios eram negócios". E um tipo de negócio que bem então começava a gerar outros era a cons-

A ESCOLHA PESSOAL

trução de estradas de ferro. Uma linha projetada deveria atravessar a paróquia de Lowick, por onde o gado ainda pastava numa paz inviolada devido à ausência de espanto; e assim aconteceu que os incipientes esforços do sistema férreo passaram a figurar entre as preocupações de Caleb Garth, determinando o curso desta história em relação a duas pessoas que lhe eram caras.[2]

A era da reforma também entra na decisão de Dorothea por meio de sua atração por Will Ladislaw, que acaba editando um jornal local comprado pelo tio de Dorothea, Mr. Brooke, usado como um veículo para os ideais reformistas um tanto confusos deste. À medida que Dorothea começa a reconhecer seus próprios talentos e sua paixão pela política progressista, Ladislaw torna-se um aliado intelectual e amante, acrescentando, assim, mais uma camada à sua possível traição caso se casasse com ele, dada a visão política conservadora de Casaubon. Essa fatia do espectro ilustra mais uma razão pela qual as escolhas difíceis são tão desafiadoras: por mais que Dorothea priorizasse seus valores políticos acima de todas as demais escalas em conflito, a decisão seria desconcertante. Se ela fugisse com Ladislaw, poderia apoiar as ambições políticas *dele*, mas perderia o controle direto de suas próprias ambições de reformar e aprimorar Lowick. No fim das contas, qual caminho levará em maior medida às mudanças sociais que ela deseja ver no mundo? O balanço final entre os dois cenários não é fácil de calcular.

Em *Middlemarch*, por trás de toda a nobreza de reformas, dificuldades financeiras e momentos de paixão e camaradagem, ouve-se ao fundo um murmúrio incessante dos fofoqueiros da cidade, que definem sutilmente as decisões enfrentadas pelos personagens principais, como vimos na angústia de Lydgate de que pudesse parecer ter se vendido para Bulstrode na votação para o novo pastor. Apesar de sua história platônica, caso Dorothea se casasse com Ladislaw, estaria efetivamente admitindo para a comunidade de Middlemarch que as suspeitas de Casaubon estiveram certas desde o início.

No fundo, a escolha de Dorothea é binária: deve ou não deve se casar com Ladislaw? No entanto, Eliot nos permite observar a ampla rede de influências e consequências que rodeia a decisão. Um mapa de espectro completo do romance seria mais ou menos assim:

MENTE

(atração sexual e emocional por Ladislaw; autonomia intelectual)

FAMÍLIA

(possíveis filhos; impacto sobre o pai e a irmã)

CARREIRA

("melhorar" Lowick)

COMUNIDADE

(fofocas; impacto sobre os pobres de Lowick)

ECONOMIA

(abrir mão da fortuna de Casaubon)

A ESCOLHA PESSOAL

TECNOLOGIA
(ferrovia; novas técnicas agrícolas)

HISTÓRIA
(o movimento reformista; a carreira política de Ladislaw)

Em *Middlemarch*, cada um desses diferentes níveis desempenha um papel importante na história. Há grandes casos de amor tecidos ao longo do romance (Fred Vincy e Mary Garth, Dorothea e Will Ladislaw), mas essas relações românticas são apenas parte da narrativa. As conexões emocionais dividem o cenário com as revoluções científicas que impulsionam a pesquisa de Lydgate, a chegada das ferrovias e as grandes reformas políticas de 1832. Se compararmos *Middlemarch* com clássicos da literatura inglesa anteriores, de escritoras como Jane Austen ou as irmãs Brontë, a diferença se faz visível quase que de imediato. A esfera emocional e familiar em livros como *Orgulho e preconceito* e *Jane Eyre*, por exemplo, é totalmente desenvolvida; temos acesso à rica intimidade psicológica dos personagens principais, embora sem algumas das extravagâncias da prosa de Eliot. (Nós vemos os personagens fazendo escolhas, mas não ganhamos dez páginas de debates internos do jeito que se vê em algumas passagens de *Middlemarch*.) Mas os fatores que estão em jogo nessas decisões limitam-se ao âmbito mais elevado do diagrama em escala: a conexão emocional entre dois amantes, e a aprovação ou rejeição de seus familiares e alguns vizinhos. A partir de uma perspectiva crítica atual, é possível detectarmos forças históricas maiores que definem os eventos da narrativa (as "melhorias" da agricultura industrializada nos tempos de Austen, o traumático colonialismo britânico que aparece de forma indireta em *Jane Eyre*), mas nenhum desses

VISIONÁRIOS

agentes desempenha um papel consciente, nem nas deliberações dos personagens nem nas observações editoriais das próprias autoras. Por mais brilhantes e divertidas que sejam as narrativas de Jane Austen, elas pertencem à sala de estar ou aos salões de baile. Essa é a escala em que essas histórias operam. *Middlemarch* nunca permite que seus leitores (nem que seus personagens) se acomodem confortavelmente nesses bate-papos de salão. Há sempre lá fora um mundo maior e cheio de vida batendo nas janelas.[3]

A ESCOLHA DE MARY ANN

O peso do escândalo e da humilhação pública que desempenha um papel na decisão de Dorothea estava diretamente relacionado com a própria vida de Eliot: encontra suas raízes biográficas numa decisão com a qual ela mesma havia lutado duas décadas antes de começar a escrever *Middlemarch*. Em outubro de 1851, Eliot — à época conhecida por seu verdadeiro nome, Mary Ann Evans — conheceu o escritor G. H. Lewes numa livraria perto da Piccadilly Circus, um encontro que daria início a uma das mais importantes relações de colaboração criativa e emocional do século XIX, embora fosse pouco ortodoxa. O relacionamento enfrentou alguns obstáculos formidáveis desde o início. O próprio Lewes já se encontrava em um complicado casamento aberto, e sua química inicial com Eliot parecia pouco promissora. Pouco depois de se conhecerem, Eliot zombou da aparência de Lewes numa carta. (De acordo com um dos biógrafos de Eliot, Lewes era "conhecido por sua feiura, com cabelos castanho-claros ralos, um bigode desalinhado, a pele cheia de marcas, uma boca vermelha e úmida, e uma cabeça que parecia grande demais para seu corpo pequeno".[4]) Mas, com o passar do tempo, um laço profundo foi

A ESCOLHA PESSOAL

se desenvolvendo entre os dois intelectuais.[5] Dois anos após o primeiro encontro, Eliot escreveu a um amigo que Lewes "conquistou meu gosto, contra minha própria vontade". Mais tarde, Lewes revisitaria o namoro dos dois e comentaria em seu diário, numa anotação de 1859: "Conhecê-la foi amá-la, e desde então minha vida tem sido um renascer."[6] No verão de 1853, Lewes foi visitar Eliot durante as férias de seis semanas dela em St. Leonard, na costa sul da Inglaterra. Em algum momento daquela estadia, os dois parecem ter começado a contemplar uma decisão muito importante, que acabaria por escandalizar a sociedade londrina — e lançar as bases para aquele que muitos consideram o melhor romance já escrito em língua inglesa. Eles começaram a discutir a possibilidade de morarem juntos como marido e mulher, sem que nunca se tornassem, oficialmente, marido e mulher.

Era, à primeira vista, uma escolha impossível, graças às peculiaridades dos costumes vitorianos, em que os limites do permitido e do proibido eram desfigurados e convertidos em contorções que, em grande medida, garantiam aos homens uma liberdade sexual e romântica excepcional, e limitavam severamente as opções das mulheres. O divórcio era ilegal, exceto em circunstâncias extremas. Se Eliot quisesse se tornar companheira de Lewes, teria que abrir mão de todos os outros aspectos de sua rica e promissora vida: a rede de relacionamentos que havia estabelecido em meio aos intelectuais de Londres, sua auspiciosa carreira como escritora e tradutora. Ela havia passado quase uma década consolidando sua reputação como a mulher mais brilhante da Inglaterra; agora, para poder formar um lar com o homem que amava, teria que desistir de tudo isso e se transformar no mais misógino dos arquétipos vitorianos: a "mulher decaída".

Enquanto Eliot contemplava sua escolha à beira-mar no verão de 1853, deve ter sentido enfrentar uma encruzilhada em que am-

VISIONÁRIOS

bos os caminhos levavam, inevitavelmente, a destinos sombrios. Ou abria mão do amor de sua vida, ou deixava todos os outros aspectos que amava em para trás. Ela poderia abandonar a ideia de viver com Lewes, ou poderia renunciar a sua posição como intelectual de Londres, cortar relações com sua família e seus amigos, e desaparecer na vergonha oculta da mulher decaída.

Mas, no fim das contas, a decisão de Eliot, assim como a maioria das decisões dessa magnitude, revelou-se um falso binário. Não se tratava de uma bifurcação no caminho, afinal. Eles levaram quase um ano para se darem conta, mas, por fim, Eliot e Lewes conseguiram encontrar outra saída para o impasse. Após uma viagem de seis meses pelo continente, onde testaram a experiência de morar juntos sob o olhar menos moralista da elite intelectual da Alemanha e da França, eles voltaram a Londres e idealizaram uma solução totalmente nova para a questão de como viver juntos. Lewis negociou um acordo com sua esposa em que ela permitia que Lewis dividisse um lar com Mary Ann Evans. Evans adotou o sobrenome de Lewes e instruiu seus amigos a se dirigirem a ela utilizando este nome em todas as correspondências. (O sobrenome compartilhado os ajudou a escapar dos olhares suspeitos de suas senhorias.) Com o tempo, Evans foi desenvolvendo um relacionamento rico e genuinamente maternal com os filhos de Lewes. E, à medida que sua ambição literária se voltou para o romance, ela começou a publicar sob o pseudônimo "George Eliot", o que manteve sua obra pública afastada do escândalo de sua aliança ilícita com Lewes.

Por fim, acabaram vivendo juntos praticamente como marido e mulher por quase 25 anos, até a morte de Lewes, em 1878. Sem dúvida, seus atos suscitaram controvérsia e reprovação. Tornar-se parceira de Lewes criou uma tensão no relacionamento de Eliot com seus parentes que nunca foi totalmente superada. "Estou certa

A ESCOLHA PESSOAL

de que você sente por mim uma amizade e um afeto de irmã que são suficientes para que se alegre por eu ter um marido gentil que me ama e cuida de mim", escreveu à irmã, que a respondeu cortando todo tipo de comunicação com ela.[7] Muitos de seus aliados nos círculos progressistas de Londres temiam que a imoralidade aberta do casal pudesse prejudicar as causas políticas que compartilhavam com eles. Mas, com o passar do tempo, uma aura improvável de normalidade doméstica pairou sobre os dois. Com o apoio que o relacionamento lhe proporcionava, Eliot embarcou numa das maiores fases de produtividade artística da história moderna. "Minha vida ganhou uma profundidade indescritível durante o último ano", escreveu em 1857, bem no início desse período criativo. "Sinto uma maior capacidade de prazer moral e intelectual, uma percepção mais aguçada de minhas falhas no passado, um desejo mais solene de ser fiel aos deveres vindouros do que qualquer outro que eu possa recordar em qualquer período anterior de minha vida."[8]

O ROMANCE DE ESPECTRO COMPLETO

Tanto Mary Ann Evans quanto sua personagem fictícia, Dorothea Brooke, enfrentaram decisões que abrangeram múltiplas escalas. A escolha de Mary Ann surgiu a partir de sentimentos sexuais e emocionais por Lewes, é claro, mas as ramificações finais dessa escolha envolviam várias outras partes do espectro: sua ambição profissional como escritora e pensadora; os ideais políticos de seu feminismo em fase embrionária na construção de uma carreira como intelectual em um mundo dominado quase que exclusivamente por homens; a possível humilhação de se tornar alvo de fofocas em salões e cafés por toda Londres; os laços familiares que,

213

VISIONÁRIOS

sem dúvida, seriam rompidos por uma escolha tão escandalosa. Até mesmo aspectos econômicos triviais tiveram um peso na decisão. Evans e Lewes ganhavam a vida escrevendo. Caso escolhessem passar o resto da vida em pecado, o ganha-pão do casal também estaria em perigo — principalmente o de Evans.

A decisão de Dorothea, vista de uma perspectiva de espectro completo, tem um sinal significativo em pelo menos cinco bandas distintas. É uma escolha emocional, claro: casar-se ou não com o homem que ama. Mas é também uma escolha moral, ligada a suas obrigações com relação ao falecido marido, por mais desconfiado que seu codicilo tenha revelado que ele fosse. Assim como em quase todas as tramas matrimoniais de romances do século XIX, trata-se de uma decisão de caráter financeiro, ligada a uma herança, com importantes implicações para a posição econômica de Dorothea. O fato de que a economia esteja ligada à propriedade que Dorothea sonha em aprimorar significa que também se trata de uma escolha profundamente política, moldada pelas novas ideias intelectuais que acabavam de surgir naquele momento da história. E é uma escolha definida pela dura possibilidade de humilhação e exílio da comunidade a que pertence, neste caso uma pequena cidade de província, com todas as suas "frustrantes complexidades".

Para complicar ainda mais a questão, a decisão está sujeita a pôr em ação uma cadeia de eventos futuros que moldarão a vida de muitas pessoas além de Dorothea e Ladislaw. Podemos medir as diferentes faixas em termos do número relativo de indivíduos que influenciam. O nível emocional pertence a dois amantes e sua família imediata, as fofocas envolvem centenas, ao passo que os movimentos políticos e as ideologias reformistas influenciam e são influenciados por milhares de pessoas. Abrir mão de Lowick poderia representar uma ameaça ao crescente negócio de Caleb Garth como administrador de bens, o que colocaria em perigo

A ESCOLHA PESSOAL

o romance que nasce entre Fred e Mary; certamente afetaria as condições de vida dos fazendeiros de Lowick e dos trabalhadores menos favorecidos. Mas talvez Dorothea possa fazer mais bem à coletividade apoiando a carreira de Ladislaw em um mundo em que, para o bem e mais provavelmente para o mal, os homens controlam o debate político. A escolha não pode se reduzir a uma simples lista de prós e contras porque é muito difícil prever os efeitos que derivarão dessa decisão. Sua felicidade emocional (e presumivelmente sexual, embora, é claro, Eliot costume ser mais contida nesse aspecto) como esposa de Ladislaw a satisfaria o suficiente para compensar a perda de sua comunidade e suas aspirações sociais para Lowick? Seriam os esforços de Ladislaw no âmbito político capazes de contrabalançar os danos que ela poderia causar aos inquilinos de Lowick ao abandonar seus planos?

Ironicamente, para muitos leitores de *Middlemarch*, a escolha final de Dorothea acaba sendo o elemento menos inventivo de todo o livro. Ela foge com Ladislaw, abandona seus projetos sociais em Lowick e apoia a carreira política do amado como esposa e mãe de dois filhos. Eliot defende seu caminho menos ambicioso nas famosas linhas finais do romance: "Mas o efeito de sua pessoa nos que a rodeavam foi incalculavelmente difusivo: pois o bem crescente do mundo depende em parte de atos não históricos; e se as coisas não estão tão mal, nem com você nem comigo, como poderiam estar, isto se deve em grande parte ao número dos que fielmente viveram uma vida oculta, e repousam em túmulos não visitados." Em um romance repleto de inventividade formal, com uma personagem que ultrapassa com tanta clareza os limites das heroínas convencionais, a escolha de Dorothea surpreende a muitos críticos por ser mais convencional do que se poderia esperar, sem dúvida mais convencional do que a escolha que a própria Mary Ann Evans fez, ao inventar uma definição completamente *sui generis* de casamento com Lewes. A romancista foi, na vida real, mais imaginativa do que sua criação fictícia.

Mas o fato de Eliot ter encontrado uma complicação tão rica na "vida oculta" de uma figura como Dorothea é também o que faz com que o romance seja tão importante. Só porque nossa vida talvez não seja tão heroica ou transcendental quanto a de Darwin ou a de Eliot, não significa que as decisões que enfrentamos ao longo dela não sejam de espectro completo. Isso é, em parte, o que o romance realista trouxe à tona na consciência humana: vidas comuns também são fascinantes; basta olhá-las com suficiente perspicácia. É certo que a vida de Dorothea, apesar de seu último ato mais convencional, dificilmente poderia ser considerada comum. Mas pense em Lydgate e nas pressões singelas que influenciam a decisão de substituir o pastor. Poderia se tratar de qualquer um de nós, encarando a difícil decisão de mudar um de nossos filhos de escola, ou debatendo a possibilidade de aceitar ou não uma oferta de emprego em outra cidade.

Lembre-se daquela extraordinária passagem de *Middlemarch* em que Dorothea descobre a realidade chocante do testamento de Casaubon: "Seu mundo atravessava uma fase de mutação convulsiva", escreve Eliot. "Só uma coisa ela podia dizer para si mesma com a devida clareza: que devia esperar e repensar tudo aquilo." Qualquer que seja o enfoque que decidamos adotar no momento de tomar decisões dessa magnitude, estes dois imperativos se destacam: esperar e repensar tudo. Podemos fazer os cálculos do modelo linear de valores, construir cenários em nossa cabeça, esboçar uma tabela das vias de impacto ou conduzir nossas próprias *charrettes* particulares. Mas, qualquer que seja a abordagem mais adequada — dada a situação única que estamos enfrentando, nossos próprios hábitos mentais e nossas aptidões distintas —, as duas

A ESCOLHA PESSOAL

coisas das quais quase sempre nos beneficiaremos são o tempo e uma nova perspectiva.

OUTRAS MENTES

Romances como *Middlemarch* não nos proporcionam simples instruções sobre como tomar decisões complexas em nossa própria vida. Não são simples jogos de moralidade. O segredo para tomar decisões complexas não reside em um conjunto de regras invariáveis, porque cada uma delas é, por definição, única. Todas as técnicas que exploramos nos capítulos anteriores envolvem, em última análise, estratégias para que sejamos capazes de *perceber* o mapa do processo decisório com mais clareza, compreendendo suas características singulares sem que fiquemos presos em hábitos de pensamento familiares ou em modelos preconcebidos. Grandes romances — ou pelo menos aqueles que não pretendem ser didáticos e moralizantes — nos proporcionam algo fundamentalmente similar ao que conseguimos com os jogos de guerra ou as previsões por conjunto: nos permitem experimentar vidas paralelas e ver a complexidade dessas experiências com riqueza de detalhes. Eles nos ajudam a ver a escolha em toda a sua complexidade. Traçam um mapa de todas as pressões singelas; fazem um esquema das vias de impacto que reflete as consequências de uma decisão específica sobre as famílias, as comunidades e a sociedade em geral. Eles nos proporcionam prática, não instruções predefinidas.

Não é por acaso que tantas dessas ferramentas e estratégias que nos ajudam a refletir sobre as decisões complexas girem em torno das narrativas. Realizar múltiplas simulações de experiência e imaginar realidades alternativas são práticas antigas, tão antigas quanto o mito e o folclore. Os psicólogos evolucionistas John

VISIONÁRIOS

Tooby e Leda Cosmides argumentaram de modo convincente que nosso apetite pela narrativa fictícia não é só resultado da imaginação das culturas, mas, na verdade, está profundamente arraigado na história da evolução do cérebro humano. Fazendo eco às reclamações da adolescente Mary Ann Evans sobre o escapismo frívolo dos romances ("Que tempo me resta, então, para as coisas que nunca existiram?"), Tooby e Cosmides partem de um enigma: Por que as pessoas dedicam tanto tempo (e dinheiro) a explorar eventos e experiências que, por definição, *não são verdadeiros*?

> Os organismos devem ter um interesse por obter informações precisas, e a distinção entre informação verdadeira e falsa deveria ser importante na hora de determinar se elas são absorvidas ou descartadas. Esse modelo de "apetite pela verdade" falha espetacularmente no momento de prever grandes aspectos do interesse humano por obter informação. Quando tem a oportunidade de escolha, a maioria das pessoas prefere ler romances a livros didáticos, e prefere filmes que retratem eventos fictícios a documentários. Ou seja, elas seguem muito interessadas em comunicações que são explicitamente tidas como falsas. A familiaridade deste fenômeno oculta sua estranheza fundamental.[9]

Por que as pessoas desperdiçam tantos ciclos cognitivos contemplando informações que são comprovadamente falsas? Parte da resposta é que a inteligência humana, na verdade, depende de diversos níveis hipotéticos de fato e mentira. A simples distinção do tipo "preto ou branco" entre as duas esferas não é assim tão clara. Mesmo sem entrar nas teorias pós-modernas sobre a verdade e sua construção social, na vida cotidiana, o cérebro humano se move por um vasto gradiente de veracidade. Tooby e Cosmides descrevem alguns deles: "O que poderia ser verdade, o que é ver-

A ESCOLHA PESSOAL

dade, o que uma vez foi verdade, o que os outros creem que seja verdade, o que é verdade só se eu fizer tal coisa, o que não é verdade aqui, o que querem que eu acredite que seja verdade, o que um dia será verdade, o que com toda certeza não é verdade, o que ele me disse, o que parece ser verdade com base nessas afirmações, e por aí vai." Ser capaz de ir e vir em meio a essas diferentes regiões da verdade não é sinal de niilismo. É, em vez disso, sinal de uma mente perspicaz e imaginativa.

As histórias exercitam essa capacidade de fazer malabarismos com diferentes estruturas de verdade e ensaiam com ela, em parte, porque elas mesmas ocupam uma posição complicada no mapa da verdade e da mentira, e em parte porque as histórias muitas vezes envolvem a nós mesmos observando outros seres (fictícios) fazendo seus próprios malabarismos. Quando Casaubon acrescenta o codicilo condenatório a seu testamento, ele está trabalhando no âmbito do que "pode um dia ser verdade". Quando Dorothea se preocupa com a reação dos fofoqueiros da cidade ao seu casamento com Ladislaw, está explorando o ângulo do que "os outros creem que seja verdade".

A função das histórias não é muito diferente da que as previsões por conjunto da meteorologia moderna desempenham. Quando Lewis Fry Richardson propôs sua "Previsão do tempo por processos numéricos" pela primeira vez, o cálculo pré-digital representou um obstáculo; o tempo em si mudava mais depressa do que qualquer um que pudesse completar os "processos numéricos" para prevê-lo. A precisão da previsão meteorológica melhorou drasticamente uma vez que os computadores se tornaram rápidos o suficiente para gerar centenas ou milhares de iterações da mesma previsão, reproduzindo todos os possíveis cenários diferentes e buscando padrões nos resultados. As narrativas fictícias oferecem um impulso semelhante. Ao contarmos histórias uns aos

VISIONÁRIOS

outros, nós nos libertamos dos obstáculos de uma vida individual. As histórias, como afirmam Tooby e Cosmides, significam que "não somos mais limitados pelo fluxo lento e pouco confiável da experiência real. Em vez disso, podemos mergulhar no fluxo comparativamente rápido da experiência vicária, orquestrada, imaginária ou fictícia. Um bando de caçadores-coletores pode conter dezenas ou até mesmo centenas de experiências de toda uma vida, cujo resumo se pode aproveitar caso possa ser comunicado [...] Quando a ficção suscita em nós reações a possíveis vidas e realidades, desenvolvemos uma capacidade de entender de forma mais rica e adaptativa aquilo que, na verdade, não experimentamos. Isso nos permite não só entender melhor as opções e a vida interior de outras pessoas, mas também sentir nosso próprio caminho [...] e tomar melhores decisões". Em certo sentido, podemos ver o gosto por narrativas fictícias como uma extensão do traço de "abertura às experiências", tão proeminente nos previsores bem-sucedidos de Philip Tetlock. Romances e histórias biográficas nos permitem abrir uma espécie de porta perceptiva para as experiências de outras pessoas, viver de forma indireta os desafios únicos de sua existência, observá-los de dentro enquanto enfrentam suas próprias escolhas difíceis.

Essa capacidade de se projetar para dentro da "vida interior" de outras pessoas é, certamente, um requisito fundamental para as decisões pessoais mais importantes. Quando Lewes e Evans contemplaram uma vida futura fora dos limites da moralidade vitoriana aceitável, uma parte significativa da decisão girava em torno das reações que imaginavam que outras pessoas teriam: os laços estreitos com amigos, familiares e colegas; e os laços mais frágeis com o meio social no qual circulavam. Avaliar as possíveis consequências de suas ações exigia que se projetassem para dentro dos pensamentos, das emoções e do código moral desses indiví-

A ESCOLHA PESSOAL

duos. A família de Evans a rejeitaria, ou, com o tempo, acabaria aceitando seu estilo de vida "alternativo" com Lewes? Ficariam os fofoqueiros de Londres tão escandalizados com o relacionamento que o casal seria obrigado a se mudar para outro lugar, ou os mexeriqueiros logo mudariam de foco e os deixariam relativamente em paz?

Psicólogos e cientistas cognitivos referem-se a essa capacidade de imaginar a vida subjetiva de outros indivíduos como uma "teoria da mente". As ideias que temos sobre os demais variam muito de pessoa para pessoa. Indivíduos que fazem parte de alguma das diferentes categorias do espectro autista, como por exemplo a síndrome de Asperger, normalmente têm dificuldade de formar esses modelos mentais; o cérebro deles parece menos propenso a especular instintivamente sobre o que as outras pessoas estão pensando. Mas a maioria de nós executa essas simulações mentais tão rapidamente que nem as percebemos. Notamos que a sobrancelha da supervisora com quem conversamos está levemente arqueada e sem nem pensar montamos uma simulação mental do que ela pode estar pensando: *Será que ela não acredita no argumento que estou tentando apresentar? Será que não está me entendendo?*

Está claro que, no caso das escolhas difíceis, o modelo de disparo mental rápido precisa abandonar o âmbito dos instintos e se tornar um processo mais deliberado. Assim como temos que simular mentalmente o que achamos que vai acontecer com o mercado imobiliário no bairro para o qual pensamos em nos mudar, devemos também simular as possíveis reações emocionais que a mudança vai desencadear nas pessoas mais próximas. As crianças vão fazer amizades com facilidade na escola nova ou encontrarão dificuldades nos primeiros meses sem uma rede preexistente de amigos e conhecidos? Ter que fazer um trajeto mais longo para o trabalho será frustrante para seu cônjuge? Como ocorre com

VISIONÁRIOS

tantos outros elementos de uma escolha difícil, existem poucas regras generalizáveis que governem as simulações mentais. Somos todos diferentes, como impressões digitais. Mas se tem algo que *é* generalizável é a importância de criar esses modelos mentais, fazendo o esforço de analisar as respostas subjetivas dos indivíduos influenciados pela decisão em questão.

Nos meses que se passaram enquanto eu estruturava minha argumentação a favor da mudança para a Califórnia, eu estava, na prática, escrevendo uma história, a história de como gostaríamos da migração para o oeste, e como isso nos fortaleceria como família — nossos filhos teriam uma conexão mais rica com a natureza, e todos nós teríamos de construir um mapa mental diferente sobre o que significava "lar". Mas, para ser sincero, em nenhum momento me dei o trabalho de elaborar uma história *alternativa*. Pouco antes de comprarmos a casa para a qual acabamos nos mudando — um pequeno chalé peculiar que parecia ter saído direto de um livro, com um jardinzinho e no alto de uma colina com vista para a baía —, levei meu pai para conhecê-la. Estava certo de que ele a acharia tão fascinante quanto eu achei. No entanto, ele parecia mais preocupado do que entusiasmado e, mais tarde, me ligou e tentou me convencer a não comprá-la. "Lexie vai se sentir bastante sozinha ali em cima", declarou profeticamente a respeito da futura reação de minha esposa à mudança para a Califórnia. Mas não levei a sério; considerei isso uma típica preocupação de pai em relação a qualquer mudança importante na vida do filho.

Nós dois estávamos fazendo planejamentos de cenários, mas meu pai ia além: ele estava fazendo um exercício de tipo *pre-mortem*. E tratava-se de um *pre-mortem* com base numa sensibilidade relacionada a como a decisão poderia se desenrolar do ponto de vista da minha esposa. Essa empatia, esse talento para perscrutar a mente de outra pessoa e imaginar o que se pode sentir diante

A ESCOLHA PESSOAL

de um evento hipotético é quase por definição uma das virtudes mais importantes ao se tomar decisões complexas. Se o objetivo é calcular a maior felicidade para o maior número de pessoas, que habilidade poderia ser melhor do que a de prever a presença ou a ausência de felicidade na mente de outras pessoas? Alguns podem argumentar que a empatia como qualidade é menos vital quando as decisões assumem uma escala de massa, visto que nem sempre é útil condensar mil ou um milhão de estados mentais em um grupo muito menor de mentalidades "médias". Boa parte da empatia que podemos sentir está fundamentada na conexão concreta que temos com pessoas que conhecemos, cara a cara. Mas, para decisões pessoais, como nossa mudança para a Califórnia, a empatia nos permite executar os ciclos de projeção muito mais rapidamente se de fato conhecemos a pessoa em cuja mente nos projetamos.

Esse é outro motivo pelo qual ler romances aprimora nossas habilidades decisórias. Há alguns anos, uma dupla de cientistas da New School de Manhattan publicou um estudo na revista *Science* que viralizou nas redes sociais, sobretudo entre aqueles que haviam se formado em Ciências Humanas. O estudo atribuiu uma série de materiais de leitura — ficção popular, ficção literária e não ficção — a um grupo de participantes, e então avaliou se os textos aprimoravam suas habilidades na área da "teoria da mente". O estudo não encontrou nenhuma mudança nos participantes que haviam lido ficção popular e não ficção, mas detectou uma melhora estatisticamente significativa na capacidade de imaginar ou de pensar com a mentalidade de outras pessoas naqueles que haviam lido literatura, mesmo que em pequenas quantidades. Experimentos posteriores não conseguiram reproduzir o efeito, mas muitos estudos confirmaram que existe uma forte correlação entre o hábito permanente de ler ficção literária e um aumento na capacidade de desenvolver a teoria da mente. Não sabemos se é

VISIONÁRIOS

porque a literatura é algo que atrai quem tem a capacidade de teorizar sobre a mente dos demais ou se é porque ler de fato melhora a capacidade de criar esses modelos mentais. É mais provável que seja um pouco dos dois. Mas, qualquer que seja a relação causal, é evidente que uma das principais funções que a leitura de obras literárias desempenha é constituir uma experiência de imersão na subjetividade de outras pessoas. O cinema e a fotografia podem nos levar a outros mundos com mais fidelidade visual; a música pode afetar nosso corpo e nossas emoções. Mas nenhuma dessas formas de experiência se compara à capacidade que um romance tem de nos projetar para o interior de outras mentes.

Eliot via essa projeção como uma espécie de imperativo moral. "Não há doutrina geral que não seja capaz de corroer nossa moralidade, se irrefreada pelo hábito bem sedimentado de um sentimento de companheirismo direto com cada companheiro de per si", observa a certa altura de *Middlemarch*. Como Rebecca Mead escreve: "Seu credo pode ser expresso da seguinte maneira: se eu realmente me importo com você — se tento me imaginar em sua posição e ver as coisas como você as vê —, meu mundo é melhorado pelo meu esforço de aceitar e compreender."[10] O romance é uma máquina de empatia. O ato da projeção mental presumivelmente fortalece os laços entre nós, a partir do ponto de vista moral que Eliot tinha dele. Mas essa capacidade também nos torna melhores tomadores de decisões. Podemos imaginar todo tipo de hipóteses e meias verdades: o que ela vai pensar se isso acontecer, o que ele acha que eu estou sentindo. Ler romances literários treina a mente para esse tipo de análise. Não podemos fazer mil simulações paralelas de nossa própria vida, como os meteorologistas, mas podemos ler mil romances ao longo de nossa existência. É verdade que as histórias que se desenrolam nesses livros não refletem diretamente as histórias de nossa própria vida.

A ESCOLHA PESSOAL

Muitos de nós nunca nos veremos diante de uma escolha entre o patrimônio de nosso falecido marido e a felicidade conjugal com nosso amante radical. Mas o objetivo de ler esse tipo de ficção literária não é adquirir uma fórmula pré-fabricada para aplicarmos em nossas próprias escolhas difíceis. Caso estejamos contemplando uma mudança para o subúrbio, *Middlemarch* não nos diz o que fazer. Não existe nenhum tipo de conselho externo, seja em forma de romance, estudo de ciências cognitivas ou livro de psicologia pop, que possa nos dizer o que fazer em situações desse tipo, porque essas situações contêm, por definição, sua própria configuração única de pressões singelas. O que o romance — junto com algumas das outras formas de mapeamento e simulação que já exploramos — nos ensina a fazer é sermos capazes de enxergar a situação com o que Eliot chamou de "visão e sentimento aguçados" e a evitar a tendência de "andar por aí totalmente imersos em estupidez".[11] O romance não nos dá respostas, mas melhora nossa capacidade de analisar essas pressões encadeadas.

O ROMANCE E A REDE PADRÃO

Caso você se interesse em explorar o espectro completo da complexidade de uma decisão — da vida interior dos participantes até o âmbito das fofocas ou das mudanças tecnológicas —, não há nenhuma forma de arte que se compare à profundidade e à amplitude de romances como *Middlemarch*. (Os livros de não ficção de biografias e de história são seus únicos companheiros.) Capturar a escolha difícil em todas as escalas de experiência que estão implicadas no processo; acompanhar as pressões singelas de todas as mentes, desde as salas de estar até a praça da cidade; conduzir-nos da vida interior do tomador de decisões até o vasto

VISIONÁRIOS

alcance das mudanças geracionais: esses não são apenas alguns dos motivos que nos levam a ler romances; isso é o que os romances fazem de melhor.

De certa forma, podemos pensar no romance como uma espécie de tecnologia. Assim como a maioria das tecnologias, ele aproveita as habilidades que os seres humanos já apresentam e as aprimora. Os romances — junto com outras artes de longa duração, como os filmes e as séries televisivas — são versões ampliadas da atividade instintiva de contar histórias que nossa rede padrão pratica. O romance é para os devaneios da rede padrão o que o telescópio Hubble é para nosso sistema visual. Ambos são ferramentas que nos permitem ver mais longe e com mais profundidade. Ao longo de milhões de anos de evolução, nosso cérebro desenvolveu uma predileção por viajar por futuros imaginários, antevendo as reações emocionais de pessoas próximas, esboçando as possíveis consequências, tudo isso a serviço de tomar melhores decisões no presente. Essa facilidade para especular sobre coisas que não são certas, para inventar histórias sobre como tudo poderia acabar se escolhêssemos determinado caminho e não outro, nos proporcionou a sabedoria do *Homo prospectus*. E, ao longo do tempo, desenvolvemos formas culturais que nos permitiram fazer simulações cada vez mais elaboradas: primeiro com mitos e lendas, transmitidos pela tradição oral, e, depois, com a narrativa de espectro completo do romance, seguindo as trajetórias de pessoas imaginárias conforme elas enfrentam as decisões que definirão suas vidas. Mais do que qualquer outra forma criativa, os romances nos proporcionam a oportunidade de simular e ensaiar as escolhas difíceis da vida antes mesmo de precisarmos fazê-las. Eles nos oferecem uma visão inigualável da vida interior de um indivíduo que luta com uma decisão complexa e multifacetada, mesmo que a escolha em si seja fictícia. As baterias de testes que

A ESCOLHA PESSOAL

os meteorologistas realizam também são fictícias: em alguns casos, o furacão desvia para a esquerda e poupa o continente; em outros, atinge as cidades costeiras com força devastadora. Podemos prever melhor qual rota o furacão de verdade vai tomar — e, portanto, qual caminho deveríamos seguir para evitá-lo — graças à grande capacidade dos computadores que geram as previsões por conjunto de encadear milhares de histórias possíveis em questão de minutos. Um romance nos oferece um tipo diferente de simulação — não a visão de longo prazo das mudanças climáticas, nem mesmo a perspectiva de curto prazo de uma tempestade tropical, mas algo mais íntimo: o caminho de uma vida humana, transformando e sendo transformada pelo mundo que a rodeia.

EPÍLOGO

É MELHOR QUE FIQUEMOS BONS NISSO

Passei quase todo o primeiro quarto de século da minha vida estudando e, durante todo esse período, não me lembro de uma aula em que a tomada de decisões estivesse na grade curricular. Meus professores me ensinaram gramática, química, álgebra, história da Europa, teoria literária pós-moderna, cinema — mas não houve uma *única* vez em que um professor se pôs diante da turma e explicou como tomar uma decisão com visão de futuro. Não sou o tipo de pessoa que se queixa de todas as trivialidades inúteis que aprendi na escola; minha carreira se baseia em encontrar sentido nesses aspectos pouco conhecidos das diferentes disciplinas. No entanto, gostaria que pelo menos parte do tempo passado em sala de aula tivesse sido dedicado à arte de decidir.

É verdade que a ciência do cérebro e as implicações filosóficas por trás da nossa forma de decidir aparecem regularmente nas ementas de ciências cognitivas, nas matérias básicas de psicologia ou nas eletivas dos estudos práticos, por exemplo. Além disso, as

VISIONÁRIOS

escolas de administração costumam oferecer cursos completos sobre o tema, a maioria deles focada em decisões administrativas ou executivas. No entanto, é quase impossível encontrar um curso obrigatório dedicado a essa matéria, mesmo nas escolas de ensino médio mais progressistas. Existe alguma aptidão que seja mais importante do que a capacidade de fazer escolhas difíceis? Só consigo pensar em poucas coisas igualmente importantes: criatividade, empatia, resiliência. Mas, sem dúvida, a tomada de decisões complexas precisa ocupar uma das primeiras posições da lista. Ela está no cerne do que queremos dizer quando usamos palavras como "sabedoria". Então, por que não faz parte da própria base da educação?

O bom de um campo de estudo como o da ciência da decisão ou teoria da decisão — ou qualquer nome que se queira dar — é que se trata de uma espécie de camaleão intelectual: funciona bem em um contexto intelectual ou pragmático. Há uma grande quantidade de literatura filosófica e um crescente corpo de pesquisa em neurociência que lidam com o problema, mas é também um problema de utilidade prática imediata para todos. Quem não gostaria de fazer escolhas melhores?

Há também um argumento pedagógico a favor dessa abordagem. Definir um curso inteiro em torno das decisões com visão de futuro pode, na verdade, despertar o interesse em outros campos que podem parecer entediantes quando são isolados nos compartimentos correspondentes a cada disciplina, ao modo tradicional. A rede padrão, por exemplo, pode aparecer como uma barra lateral numa pesquisa de biologia no segundo ano de curso, durante as aulas de neurologia. Nesse contexto, é apenas outro conjunto de fatos para memorizar: *hoje estudamos a rede padrão; amanhã, os neurotransmissores; na semana que vem, falaremos da amígdala.* Mas, se incluirmos a rede padrão numa aula explicitamente pla-

EPÍLOGO

nejada para ensinar a tomar decisões melhores, de repente toda a ideia dos devaneios como uma atividade cognitivamente rica adquire uma nova relevância. Não é necessário pensarmos em seguir carreira como neurocirurgiões para que nos seja *útil* conhecer esse estranho superpoder que só foi descoberto graças à hiperatividade observada nos exames PET.

Que áreas uma grade curricular desse tipo incorporaria? Certamente envolveria o estudo de história, filosofia moral, economia comportamental, probabilidade, neurologia, ciência da computação e literatura. O curso em si seria um estudo de caso sobre o poder das perspectivas diversas. Mas, além da extensão multidisciplinar, os estudantes aprenderiam uma série de técnicas que poderiam então aplicar na própria vida e na profissão: como criar um mapa de espectro completo de uma decisão complexa; como desenvolver um planejamento de cenários e um *pre-mortem*; como montar um modelo linear de valores e uma Tabela de Adversidades. Eles aprenderiam a importância de compartilhar perfis ocultos entre grupos diversos e o valor de medir a incerteza. Aprenderiam a buscar opções não descobertas e a evitar a tendência de cair em avaliações de banda estreita. Aprenderiam a importância de ter uma mentalidade diferente, e que ler boa literatura pode ajudar a melhorar essa capacidade. Sem dúvida, há milhares de matérias eletivas por aí — no ensino médio e nos programas das faculdades de ciências humanas, isso sem falar nos cursos de administração — que se interessam por alguns desses temas. Mas por que não os trazer para o núcleo da formação?

Outro argumento a favor de levar a tomada de decisões para as salas de aula é que ela proporciona uma ponte valiosa entre as ciências exatas e as ciências humanas. Ao lermos filosofia no contexto das promessas e dos perigos que as máquinas superinteligentes representam, podemos ver de imediato o efeito material que certas

VISIONÁRIOS

noções de lógica e ética, aparentemente abstratas, podem ter em nosso futuro tecnológico. Quando lemos literatura como exercício para melhorar nossa capacidade de tomar decisões com visão de futuro, podemos apreciar o modo como os romances refletem as percepções científicas que surgem dos ensaios clínicos randomizados e das previsões por conjunto, em que ambos se apoiam no poder da simulação para expandir nossos pontos de vista, desafiar nossas suposições e propor novas possibilidades. Não se trata de "reduzir" as humanidades a dados científicos. Para as decisões mais íntimas, os romances nos dotam de uma sabedoria que a ciência não pode, por definição, proporcionar. Quando minha esposa e eu contemplávamos nossa mudança para a Califórnia, não era possível realizarmos um experimento controlado que consistia em enviar dezenas de casais similares para a Costa Oeste e esperar alguns anos para obtermos os dados sobre a felicidade futura de cada um. Não existe a possibilidade de executar simulações por conjunto em nossa própria vida. A narrativa é tudo que temos como substituto.

É claro, o contrário também é verdadeiro: a ciência nos dá ideias que os romances não podem proporcionar. Quando Joyce, Faulkner e Woolf inventaram o fluxo de consciência como recurso literário, eles nos ajudaram a perceber os estranhos hábitos de divagação da mente, mas foram os exames PET e fMRI da rede padrão que nos permitiram ver, pela primeira vez, o poder desse tipo de cognição. A psicologia comportamental, os júris simulados e a neurociência cognitiva nos ajudaram a perceber com mais clareza os desafios impostos pelas decisões com visão de futuro, especialmente em se tratando de grupos pequenos. Os romances simplesmente brilham com um tipo diferente de luz. Somos capazes de enxergar mais longe quando ambas as luzes estão acesas.

AGRADECIMENTOS

Como era de se esperar — tendo em vista o assunto que abordamos aqui —, o processo de criação deste livro levou muito tempo. Comecei a fazer anotações sobre o tema da tomada de decisões complexas há quase dez anos, e demorei cinco anos inteiros para partir da proposta inicial à primeira versão do manuscrito. Por conseguinte, sou ainda mais grato do que de costume a meus editores, Geoffrey Kloske e Courtney Young, e a minha agente, Lydia Wills, por terem tido fé neste projeto durante tanto tempo e por me convencerem da importância de escrever este livro, mesmo quando me questionei. Um agradecimento especial a Courtney por sua excelente orientação editorial ao desafiar meus argumentos quando mereciam, ao sugerir novos caminhos para explorar e ao me lembrar habilmente em alguns pontos de que se tratava de um livro sobre tomada de decisões, não uma monografia literária sobre as últimas obras de George Eliot. Como sempre, tenho muita

VISIONÁRIOS

sorte de ser parte da família Riverhead: agradeço a Kevin Murphy, Katie Freeman, Lydia Hurt, Jessica White e Kate Stark por toda a colaboração para trazer esta obra ao mundo.

Este livro também melhorou muito graças às muitas conversas que tive com amigos e especialistas ao longo da última década: Eric Liftin, Rufus Griscom, Mark Bailey, Denise Caruso, Doug Vakoch, Kathryn Denning, Betsey Schmidt, David Brin, Frank Drake, Paul Hawken, Scott Klemmer, Peter Leyden, Ken Goldberg. Meus velhos amigos da Long Now Foundation — especialmente Stewart Brand, Kevin Kelly, Alexander Rose, Peter Schwartz e Brian Eno — foram uma inspiração desde o início deste projeto. Agradecimentos especiais a Zander, por me apresentar ao projeto METI, e aos meus editores da *New York Times Magazine*, Bill Wasik e Jake Silverstein, por terem me permitido explorar a decisão épica do METI com tanta profundidade na revista. Agradeço a Wes Neff e à equipe da Leigh Bureau por me apresentarem a tantas pessoas e indústrias interessantes ao longo dos anos, algumas das quais ganharam espaço neste livro. Minha esposa, Alexa Robinson — companheira em tantas decisões de longo prazo —, proporcionou ao livro uma edição astuta nas últimas etapas de produção. Nossos filhos (Clay, Rowan e Dean) são um lembrete constante da importância de mantermos os olhos no futuro.

Dedico este livro a meu pai, mestre da técnica *pre-mortem* e sábio conselheiro em cada decisão importante que enfrentei na vida.

Brooklyn
Março de 2018

BIBLIOGRAFIA

Anbinder, Tyler. *Five Points*: The 19th-Century New York City Neighborhood that Invented Tap Dance, Stole Elections, and Became the World's Most Notorious Slum. Nova York: Free Press, 2001.

Anderson, Katherine. *Predicting the Weather*: Victorians and the Science of Meteorology. Chicago: University of Chicago Press, 2010.

Armitage, Peter. Fisher, Bradford Hill, and Randomization. *International Journal of Epidemiology*, v. 32, p. 925-928, 2003.

Baron, Jonathan. *Thinking and Deciding*. Nova York: Cambridge University Press, 2008.

Bentham, Jeremy. *An Introduction to the Principles of Morals and Legislation*. Disponível em: www.econlib.org/library/Bentham/bnthPML1.html.

Bergen, Peter L. *Manhunt*: The Ten-Year Search for Bin Laden from 9/11 to Abbottabad. Nova York: Crown/Archetype, 2012.

Bowden, Mark. *The Finish*: The Killing of Osama bin Laden. Nova York: Grove/Atlantic, Inc., 2012.

Brand, Stewart. *O relógio do longo agora*: Tempo e responsabilidade. Rio de Janeiro: Rocco, 2000.

Browne, Janet. *Charles Darwin*: Voyaging. Princeton: Princeton University Press, 1996.

Buckner, Randy L. The Serendipitous Discovery of the Brain's Default Network. *Neuroimage*, 2011.

VISIONÁRIOS

Burch, Druin. *Taking the Medicine*: A Short History of Medicine's Beautiful Idea, and Our Difficulty Swallowing It. Londres: Vintage, 2010.

Chernow, Ron. *Washington*: A Life. Nova York: Penguin Press, 2010.

Christian, Brian; Griffiths, Tom. *Algoritmos para viver*: A ciência exata das decisões humanas. São Paulo: Companhia das Letras, 2017.

Defence Science Board Task Force on the Role and Status of DoD Red Teaming Activities. *Office of the Under Secretary of Defense*, 2003.

Dobbs, Michael. *One Minute to Midnight*: Kennedy, Khrushchev, and Castro on the Brink of Nuclear War. Nova York: Alfred A. Knopf, 2008.

Duer, William. *New-York as It Was During the Latter Part of the Last Century*. Nova York: Stanford and Swords, 1849.

Edwards, Paul N. History of Climate Modeling. *Wiley Interdisciplinary Reviews: Climate*, v. 2, p. 128-139, 2011.

Eliot, George. *Middlemarch*. Rio de Janeiro: Record, 1998.

Feynman, Richard P. *The Meaning of It All*: Thoughts of a Citizen-Scientist. Nova York: Basic Books, 2009.

Franklin, Benjamin. *Mr. Franklin*: A Selection from His Personal Letters. New Haven: Yale University Press, 1956.

Gladwell, Malcolm. *Blink*: A decisão num piscar de olhos. Rio de Janeiro: Sextante, 2016.

Gregory, Robin *et al. Structured Decision Making*: A Practical Guide to Environmental Management Choices. Hoboken: John Wiley & Sons, 2012.

Greicius, Michael D. *et al.* Functional Connectivity in the Resting Brain: A Network Analysis of the Default Mode Hypothesis. *Proceedings of the National Academy of Sciences*, v. 100, p. 253-258, 2003.

Gribbin, John e Mary Gribbin. *FitzRoy: The Remarkable Story of Darwin's Captain and the Invention of the Weather Forecast*. ReAnimus Press, 2016.

Hawken, Paul; Ogilvy, James A.; Schwartz, Peter. *Seven Tomorrows*: Toward a Voluntary History. Nova York: Bantam Books, 1982.

Heath, Chip; Heath, Dan. *Gente que resolve*: Como fazer as melhores escolhas em qualquer momento da sua vida. São Paulo: Saraiva, 2014.

Hughes, Kathryn. *George Eliot*: The Last Victorian. Nova York: HarperCollins, 2012.

Janis, Irving. *Victims of Groupthink*: A Psychological Study of Foreign-Policy Decisions and Fiascoes. Boston: Houghton Mifflin, 1972.

Janis, Irving; Mann, Leon. *Decision Making*: A Psychological Analysis of Conflict, Choice, and Commitment. Nova York: The Free Press, 1977.

BIBLIOGRAFIA

Johnston, Henry Phelps. *The Campaign of 1776 Around New York and Brooklyn*: Including a New and Circumstantial Account of the Battle of Long Island and the Loss of New York, With a Review of Events to the Close of the Year: Containing Maps, Portraits, and Original Documents. Cranbury: Scholars Bookshelf, 2005.

Kahneman, Daniel. *Rápido e devagar*: Duas formas de pensar. Rio de Janeiro: Objetiva, 2012.

Keats, Jonathan. Let's Play War: Could War Games Replace the Real Thing? *Nautilus*, v. 28, 24 set. 2015.

Keeney, Ralph L. Value-Focused Thinking: Identifying Decision Opportunities and Creating Alternatives. *European Journal of Operational Research*, v. 92, p. 537-549, 1996.

Keith, Phil. *Stay the Rising Sun*: The True Story of *USS Lexington*, Her Valiant Crew, and Changing the Course of World War II. Mineápolis: Zenith Press, 2015.

Keynes, Randal. *Darwin, His Daughter, and Human Evolution*. Nova York: Penguin, 2002.

Kidd, David Comer; Castano, Emanuele. Reading Literary Fiction Improves Theory of Mind." *Science*, v. 342 p. 377-380, 2013.

Klein, Gary. *Sources of Power*: How People Make Decisions. Cambridge, MA: MIT Press, 1999.

Mead, Rebecca. *My Life in Middlemarch*. Nova York: Crown/Archetype, 2014.

Mitchell, Deborah J.; Russo, J. Edward; Pennington, Nancy. Back to the Future: Temporal Perspective in the Explanation of Events. *Journal of Behavioral Decision Making*, v. 2, p. 25-38, 1989.

Moore, Peter. *The Birth of the Weather Forecast*. BBC, 30 abr. 2015. Disponível em: www.bbc.com/news/magazine-32483678.

Morson, Gary Saul; Schapiro, Martin. *Cents and Sensibility*: What Economics Can Learn from the Humanities. Princeton: Princeton University Press, 2017.

Nutt, Paul C. *Making Tough Decisions*: Tactics for Improving Managerial Decision Making. São Francisco: Jossey-Bass, 1989.

_____. *Why Decisions Fail*: Avoiding the Blunders and Traps That Lead to Debacles. São Francisco: Berrett-Koehler, 2002.

Raichle, Marcus E.; Snyder, Abraham Z.. A Default Mode of Brain Function: A Brief History of an Evolving Idea. *Neuroimage*, v. 37, p. 1083-1090, 2007.

VISIONÁRIOS

Raichle, Marcus E. *et al.* A Default Mode of Brain Function. *Proceedings of the National Academy of Sciences*, v. 98, p. 676-682, 2001.

Regan, Helen M.; Colyvan, Mark; Burgman, Mark A. A Taxonomy and Treatment of Uncertainty for Ecology and Conservation Biology. *Ecological Applications*, v. 12, p. 618-625, 2002.

Rejeski, David. *Governing on the Edge of Change*. wilsoncenter.org, 2012.

Richardson, Lewis Fry. *Weather Prediction by Numerical Process*. Cambridge: Cambridge University Press, 1924.

Riddick, W. L. *Charrette Processes*: A Tool In Urban Planning. York, Pensilvânia: George Shumway, 1971.

Sanderson, Eric W. *Mannahatta*: A Natural History of New York City. Nova York: Abrams, 2009.

Schwartz, Peter. *The Art of the Long View*. Nova York: Random House, 2012.

Seligman, Martin E. P. *et al*. *Homo Prospectus*. Nova York: Oxford University Press, 2016.

Simon, Herbert A. Rational Decision Making in Business Organizations. In: Lindbeck, Assar (org.). *Nobel Lectures*: Economics 1969-1980. Cingapura: World Scientific Publishing, 1992.

Singer, Peter; Lazari-Radek, Katarzyna de. *Utilitarianism*: A Very Short Introduction. Oxford: Oxford University Press, 2017.

Stasser, Garold; Titus, Williams. Hidden Profiles: A Brief History. *Psychological Inquiry*, v. 14, p. 304-313, 2003.

Stasser, Garold; Stewart Dennis D.; Wittenbaum, Gwen M. Expert Roles and Information Exchange During Discussion: The Importance of Knowing Who Knows What. *Journal of Experimental Social Psychology*, v. 31, n. 3, p. 244-265, 1995.

Steedman, Carolyn. Going to Middlemarch: History and the Novel. *Michigan Quarterly Review*, v. xl, n. 3, 2001.

Sunstein, Cass R.; Hastie, Reid. *Wiser*: Getting Beyond Groupthink to Make Groups Smarter. Cambridge, MA: Harvard Business Review Press, 2014.

Swinton, William E. The Hydrotherapy and Infamy of Dr. James Gully. *Canadian Medical Association Journal*, v. 123, p. 1262-1264, 1980.

Tetlock, Philip E.; Gardner, Dan. *Superprevisões*: A arte e a ciência de antecipar o futuro. Rio de Janeiro: Objetiva, 2016.

Tooby, John; Cosmides, Leda. Does Beauty Build Adapted Minds? Toward an Evolutionary Theory of Aesthetics, Fiction, and the Arts. *SubStance*, v. 30, n. 1-2, ed. 94-95, p. 6-14, 2001.

BIBLIOGRAFIA

Uglow, Jenny. *The Lunar Men*: Five Friends Whose Curiosity Changed the World. Nova York: Farrar, Straus and Giroux, 2002.

Vakoch, Douglas A.; Dowd, Matthew F. *The Drake Equation*: Estimating the Prevalence of Extraterrestrial Life Through the Ages. Nova York: Cambridge University Press, 2015.

Vohs, Kathleen D. *et al.* Making Choices Impairs Subsequent Self-Control: A Limited-Resource Account of Decision Making, Self-Regulation, and Active Initiative. *Journal of Personality and Social Psychology*, v. 94, p. 883-898, 2008.

Wack, Pierre. Living in the Futures. *Harvard Business Review*, maio 2013.

_____. Scenarios: Uncharted Waters Ahead. *Harvard Business Review*, set. 1985.

Westfahl, Gary; Yuen, Wong Kin; Chan, Amy Kit-sze (org.). *Science Fiction and the Prediction of the Future*: Essays on Foresight and Fallacy. Jefferson: McFarland, 2011.

Wohlstetter, Roberta. *Pearl Harbor*: Warning and Decision. Stanford: Stanford University Press, 1962.

Yamin, Rebecca. From Tanning to Tea: The Evolution of a Neighborhood. *Historical Archaeology*, v. 35, p. 6-15, 2001.

Yoshioka, Alan. Use of Randomisation in the Medical Research Council's Clinical Trial of Streptomycin in Pulmonary Tuberculosis in the 1940s. *BMJ*, v. 317, p. 1.220-1.223, 1998.

Zenko, Micah. *Red Team*: How to Succeed by Thinking Like the Enemy. Nova York: Basic Books, 2015.

NOTAS

INTRODUÇÃO

1. William Duer, *New-York as It Was During the Latter Part of the Last Century* (Nova York: Stanford and Swords, 1849), p. 13-14.
2. Randal Keynes, *Darwin, His Daughter, and Human Evolution* (Nova York: Penguin, 2002), loc. 195-203, Kindle.
3. *Mr. Franklin: A Selection from His Personal Letters* (New Haven: Yale University Press, 1956).
4. Daniel Kahneman, *Rápido e devagar: Duas formas de pensar* (Rio de Janeiro: Objetiva, 2012).
5. Peter L. Bergen, *Manhunt: The Ten-Year Search for Bin Laden from 9/11 to Abbottabad* (Nova York: Crown/Archetype, 2012), loc. 1877, Kindle.
6. Algumas decisões — como as decisões do júri sobre culpa ou inocência, ou a decisão da CIA sobre quem estava vivendo naquele misterioso casarão — não envolvem a segunda fase preditiva, dado que, na verdade, não se trata das consequências de seguir um caminho em detrimento de outro, mas de uma questão factual: ele é culpado ou inocente? Osama bin Laden está vivendo nessa casa?
7. George Eliot, *Middlemarch* (Tradução de Leonardo Fróes. Rio de Janeiro: Record, 1998).

VISIONÁRIOS

8. O crítico literário Gary Saul Morson descreve essa característica do romance — e da própria experiência humana — como "narratividade", uma forma de medir a facilidade com que determinado fenômeno pode ser comprimido até chegar a uma simples teoria ou máxima: "Embora se possa dar uma explicação narrativa sobre a órbita de Marte (primeiro estava aqui; depois, se moveu para lá; e, logo, deslizou até aqui), seria absurdo fazê-lo, porque as leis de Newton já permitem derivar sua localização a qualquer momento. Portanto, saí do Centro com um novo conceito em mente, que chamei de 'narratividade'. A narratividade, que vem em graus, mede a necessidade de uma narrativa. No exemplo de Marte, o grau de narratividade seria zero. Por outro lado, o tipo de questões éticas levantadas pelos grandes romances realistas têm narratividade máxima. Quando existe narratividade? Quanto mais necessitamos da cultura como forma de explicação, mais narratividade há. Quanto mais invocamos a psicologia humana irredutivelmente individual, mais narratividade há. E quanto mais fatores contingentes — eventos que são imprevisíveis de dentro da estrutura disciplinar de alguém — são envolvidos, mais narratividade há" (Morson, p. 38-39.)

CAPÍTULO 1: MAPEAR

1. "O general James Cartwright, então vice-presidente do Estado-Maior, recorda: 'Foi um bom veículo para nós, pois planejamos as várias opções, e então sentamos com esse modelo e dizemos [...]. É assim que abordaríamos a questão; é isso o que aconteceria neste pátio ou nesta casa [...]. É dessa forma que teríamos mais de uma via de abordagem para o que pensávamos que fossem os edifícios habitados por nosso alvo'" (Bergen, p. 164-165).

2. Robin Gregory *et al.*, *Structured Decision Making: A Practical Guide to Environmental Management Choices* (Hoboken: John Wiley & Sons, 2012), loc. 233-234, Kindle.

3. Kahneman, loc. 1.388-1.397.

NOTAS

4. Cass R. Sunstein e Reid Hastie, *Wiser: Getting Beyond Groupthink to Make Groups Smarter* (Cambridge: Harvard Business Review Press, 2014), loc. 280-287, Kindle.
5. Sunstein e Hastie, loc. 1.142-1.149.
6. Disponível em www.scientificamerican.com/article/how-diversity-makes-us-smarter, acesso em setembro de 2016.
7. Gary Klein, *Sources of Power: How People Make Decisions* (Cambridge, MA: MIT Press, 1999), loc. 466-469, Kindle.
8. Malcolm Gladwell, *Blink: A decisão num piscar de olhos* (Rio de Janeiro: Sextante, 2016).
9. Helen M. Regan, Mark Colyvan e Mark A. Burgman, "A Taxonomy and Treatment of Uncertainty for Ecology and Conservation Biology", *Ecological Applications*, v. 12, n. 2, p. 618-628, 2002. Gregory *et al.* resumiram as categorias da seguinte maneira: (conhecimento) incerteza: "Quando não estamos seguros sobre os fatos relativos aos acontecimentos ou resultados no mundo, porque [...]. Variação natural [...] resultados que variam naturalmente com relação ao tempo, espaço ou outras variáveis e podem ser difíceis de prever [...]. Erro de medição [...] não podemos medir as coisas com precisão [...]. Erro sistemático [...] nós não calibramos nossos instrumentos ou projetamos nossos experimentos/nossas amostras adequadamente [...]. Incerteza de modelo [...] nós não sabemos como as coisas interagem entre si [...]. Julgamento subjetivo [...] usamos o julgamento para interpretar dados, observações ou experiências. Isso resulta em incerteza em julgamentos individuais e incerteza causada por diferenças entre os especialistas. Fontes de incerteza linguística [...]. Quando não estamos nos comunicando de modo eficaz porque [...]. Imprecisão [...] o idioma permite casos limítrofes. A imprecisão pode ser numérica (quantas árvores "altas"? quando uma população de algas está em "supercrescimento"?) ou não numérica (como definir a adequação do hábitat?). Ambiguidade [...] as palavras têm mais de um significado, e não fica claro qual é a acepção escolhida: ambiente "natural", "cobertura" da floresta [...]. Dependência de contexto [...] descrições não são usadas no contexto; um derramamento de óleo que é "grande" na minha garagem seria considerado "pequeno" no

VISIONÁRIOS

oceano [...]. Baixa especificidade [...] há generalidade indesejada; "pode chover amanhã" *versus* "existe 70% de probabilidade de chuva neste local amanhã" [...]. Indeterminação [...] as palavras usadas em dado momento significam algo diferente." Gregory *et al.*, loc. 123, Kindle.

10. Richard P. Feynman, *The Meaning of It All: Thoughts of a Citizen-Scientist* (Nova York: Basic Books, 2009), loc. 26-27.

11. Bergen, loc. 134-135.

12. Em *Victims of Groupthink* (Boston: Houghton Mifflin, 1972), Irving Janis apresenta um estudo de caso que analisa a cadeia de supervisão e falsas convicções que permitiram que os comandantes militares no Havaí e em Washington fossem surpreendidos pelo ataque a Pearl Harbor. Olhando em retrospecto, havia evidências significativas de que os japoneses poderiam tentar um ataque direto contra a base naval, e, de fato, uma série de instruções de inteligência compartilhadas com o almirante Kimmel, comandante da Frota do Pacífico, sugeriam que o ataque era, no mínimo, uma possibilidade. Mesmo assim, como Janis descreve, uma espécie de névoa de pensamento grupal se abateu sobre Kimmel e sua equipe. O grupo estava convencido de que os japoneses atacariam em alguma parte; a questão era se declarariam guerra atacando territórios britânicos ou holandeses no Extremo Oriente. A ideia de um ataque direto estava tão distante do consenso que eles quase não fizeram esforço algum para se defender de uma investida do tipo, mesmo quando perderam o contato por radar com os porta-aviões japoneses nos primeiros dias de dezembro. Como o ataque era considerado pouco provável, ninguém se deu o trabalho de argumentar a favor de levar o risco a sério. (Janis, 76.)

13. Mark Bowden, *The Finish: The Killing of Osama bin Laden* (Nova York: Grove/Atlantic, Inc., 2012), loc. 159, Kindle.

CAPÍTULO 2: PREVER

1. Philip E. Tetlock e Dan Gardner, *Superprevisões: A arte e a ciência de antecipar o futuro* (Rio de Janeiro: Objetiva, 2016).

2. Tetlock e Gardner, loc. 125, Kindle.

NOTAS

3. Gary Westfahl, Wong Kin Yuen e Amy Kit-sze Chan (ed.), *Science Fiction and the Prediction of the Future: Essays on Foresight and Fallacy* (Jefferson, NC: McFarland, 2011), loc. 82-84, Kindle.

4. Este mesmo ponto cego se aplica às pessoas que estavam ativamente criando a revolução digital nos anos 1940 e 1950. O lendário cientista Vannevar Bush publicou um célebre ensaio intitulado "As We May Think" [Como talvez pensemos] na revista *The Atlantic* no fim da década de 1940. O trabalho imaginava um novo tipo de ferramenta de pesquisa que muitos consideram um dos primeiros vislumbres do universo de hipertexto criado pela World Wide Web cinquenta anos mais tarde. Mas o dispositivo de Bush não era em absoluto um computador, e sim uma máquina de microfichas aprimorada, em que os pesquisadores só podiam ler imagens estáticas de documentos e criar links simples (Bush os chama de "trilhas") que conectam documentos relacionados. Tudo aquilo que torna muito poderoso um computador conectado à rede — a capacidade de escrever suas próprias palavras, de copiar e colar textos, de compartilhar e debater com colegas — estava completamente ausente da visão de Bush. E estamos falando do homem que havia supervisionado a criação dos primeiros computadores digitais já construídos.

5. Westfahl *et al.*, loc. 195-202, Kindle.

6. Browne, *Charles Darwin: Voyaging*, p. 498.

7. A pureza da água de Malvern foi confirmada por meio de métodos científicos modernos. As nascentes fluem através de rochas pré-cambrianas curiosamente duras, que mantêm a água em grande medida livre de minerais, e as pequenas rachaduras na rocha funcionam como uma espécie de filtro natural para outras impurezas.

8. Druin Burch, *Taking the Medicine: A Short History of Medicine's Beautiful Idea, and Our Difficulty Swallowing It* (Londres: Vintage, 2010), p. 158.

9. "O primeiro método foi a 'toalha gotejante', uma toalha úmida, levemente torcida, envolvendo o corpo, e, então, esfregada vigorosamente durante cinco minutos. O objetivo era 'estimular os sistemas nervoso e circulatório do corpo'. O Dr. Gully escreveu que, 'para pessoas muito delicadas, costumo aplicar, em primeiro lugar, apenas a fricção do tronco e dos braços

VISIONÁRIOS

com uma toalha úmida; seco e visto essas partes, e então, esfrego as pernas com o mesmo procedimento'." De Keynes, loc. 2.888-2.896, Kindle.

10. "As observações feitas [...] tanto na terra quanto no mar, seriam coletadas, pois, se assim fosse feito, ele previa que, em poucos anos, apesar do clima variável deste país, poderíamos saber nesta metrópole as condições do tempo com 24 horas de antecedência." De John Gribbin e Mary Gribbin, *FitzRoy: The Remarkable Story of Darwin's Captain and the Invention of the Weather Forecast* (ReAnimus Press, 2016), loc. 4.060-4.062, Kindle.

11. Uma versão rudimentar desta ideia havia sido proposta pelo secretário da Smithsonian, Joseph Henry, em 1847: "Ao se dar conta de que pelo menos algumas das tempestades viajam de oeste a leste através do continente norte-americano, Joseph Henry, secretário da Instituição Smithsonian, propôs, em 1847, uma rede de ligações telegráficas para alertar os cidadãos dos estados do leste sobre as tempestades vindas do oeste." De Gribbin, loc. 4.151-4.153, Kindle.

12. Peter Moore, "The Birth of the Weather Forecast", disponível em www. bbc.com/news/magazine-32483678.

13. Katherine Anderson, *Predicting the Weather: Victorians and the Science of Meteorology* (Chicago: University of Chicago Press, 2010), p. 119.

14. "Os observadores, em cada uma de suas estações principais, registravam a temperatura, a pressão e a umidade do ar, a velocidade do vento tanto no nível do solo quanto (a partir do estudo dos movimentos das nuvens) em altitudes maiores, o estado do mar, como todos esses parâmetros haviam mudado desde as observações anteriores, e a quantidade e o tipo de precipitação. A informação era enviada de cada estação de observação às 8 horas da manhã. Às 10 horas, recebiam-se telegramas na Parliament Street, onde eram imediatamente lidos e reduzidos, ou corrigidos, no caso de produzirem erros de escala, elevação e temperatura; então, eram escritos em formulários preparados e copiados diversas vezes. A primeira cópia é enviada ao chefe do departamento, ou a seu assistente, com todos os telegramas, para serem estudados para as previsões do dia, que são então cuidadosamente escritas no primeiro papel, e copiadas rapidamente para a distribuição. Às 11 horas, os relatórios são enviados para a revista *Times*

NOTAS

(para uma segunda edição), para a *Lloyd's*, e para a *Shipping Gazette*; para a Junta Comercial, para o Almirantado, para o Horse Guards, e para a Humane Society. Pouco depois, relatórios similares são enviados para os outros jornais da tarde [...]." De Gribbin, loc. 4.352-4.363.

15. Lewis Fry Richardson, *Weather Prediction by Numerical Process* (Cambridge: Cambridge University Press, 2007), XI.

16. Bowden, loc. 195.

17. Jonathan Keats, "Let's Play War: Could War Games Replace the Real Thing?", disponível em http://nautil.us/issue/28/2050/lets-play-war.

18. "O Azul, com Saratoga no centro, deixaria o Havaí e tentaria desferir um golpe estratégico no Preto, que estava defendendo a Costa Oeste com Lexington e Langley. Assim que o Azul saiu, deparou com uma cortina de cinco submarinos do Preto, todos emboscados e encarregados de informar os movimentos do Azul. Com seus aviões, o Azul logo detectou e eliminou quatro dos cinco submarinos, proporcionando, assim, outra lição inicial importante sobre o uso de aviões no contra-ataque às forças submarinas. Levou apenas alguns dias para que as forças adversárias se encontrassem, mas nenhuma delas conseguiu uma vantagem clara. Nos dias de exercício restantes, uma força atacava a outra em batalhas contínuas e de longo alcance ao longo das vias marítimas do Pacífico oriental, mas o território era grande demais para que uma força dominasse. O exercício demonstrou, no entanto, (a) a viabilidade da potência aérea dos porta-aviões para se projetar no cenário de combate e (b) a necessidade de mais." De Phil Keith, *Stay the Rising Sun: The True Story of USS Lexington, Her Valiant Crew, and Changing the Course of World War II* (Mineápolis: Zenith Press, 2015), loc. 919-926, Kindle.

19. Disponível em http://nautil.us/issue/28/2050/lets-play-war.

20. Paul Hawken, James Ogilvy e Peter Schwartz, *Seven Tomorrows* (Nova York: Bantam, 1982), p. 7.

21. Pierre Wack, "Scenarios: Uncharted Waters Ahead", *Harvard Business Review*, setembro de 1985.

22. Pierre Wack, "Living in the Futures", *Harvard Business Review*, maio de 2013.

23. Bowden, loc. 191. Kindle.

VISIONÁRIOS

24. Klein, loc. 954-956, Kindle.
25. Bergen, loc. 191, Kindle.
26. Bergen, loc. 183-184, Kindle.
27. Bergen, loc. 171-172, Kindle.

CAPÍTULO 3: DECIDIR

1. *Apud* Jenny Uglow, *The Lunar Men: Five Friends Whose Curiosity Changed the World* (Nova York: Farrar, Straus and Giroux, 2002), p. 169.
2. Jeremy Bentham, "An Introduction to the Principles of Morals and Legislation", www.econlib.org/library/Bentham/bnth-PLM1.html, acessado em maio de 2017.
3. Essa estrutura utilitarista foi a pedra angular da construção filosófica de George Eliot, ao lado das teorias não convencionais de Ludwig Feuerbach sobre o amor. (Ela conhecia bem os utilitaristas; a *Westminster Review*, na qual tanto Eliot quanto George Henry Lewes publicaram ensaios e traduções, foi originalmente fundada pelo próprio Bentham.) Mas *Middlemarch* mostra como o cálculo emocional dos utilitaristas revela-se difícil na prática.
4. O texto completo da Ordem Executiva 12.291 está disponível em www.presidency.ucsb.edu/ws/?pid=43424.
5. Sunstein and Hastie, loc. 1.675-1.683, Kindle.
6. Para mais informações, acesse https://newrepublic.com/article/81900/obama-cost-benefit-revolution.
7. "Matematicamente, um modelo linear de valores representa a pontuação de rendimento de uma alternativa como a soma ponderada de suas consequências: Pontuação geral = $W1X1 + W2X2 + W3X3$ [...], onde $X1$ é a pontuação atribuída à medida 1, $W1$ é o peso ou a relevância atribuída à medida 1, $X2$ é a pontuação atribuída à medida 2, $W2$ é o peso da medida 2, e por aí vai. Para calcular uma pontuação geral significativa quando as medidas de rendimento individuais são registradas em unidades diferentes (por exemplo, dólares, hectares, trabalhos etc.), as pontuações das medidas de rendimento individuais devem primeiro ser "normalizadas" e depois

NOTAS

ponderadas utilizando algum método confiável. Geralmente, os passos do modelo linear de valores envolvem: 1. definir os objetivos e medidas; 2. identificar as alternativas; 3. atribuir consequências (ou pontuações de consequências) a cada consequência em cada medida; 4. atribuir pesos às medidas; 5. normalizar as pontuações das consequências para que possam ser agregadas; 6. calcular as pontuações normalizadas ponderadas (às vezes chamadas de pontuações "desejáveis") para classificar as alternativas." De Gregory *et al.*, p. 217.

8. O texto completo sobre a patente do Google está disponível em www.google.com/patents/US9176500.

CAPÍTULO 4: A ESCOLHA GLOBAL

1. O argumento da inevitabilidade de nosso primeiro contato com uma civilização muito mais avançada se baseia em algumas suposições. Primeiro, faz apenas cem anos que temos enviado sinais de rádio estruturados da Terra. As chances de que o primeiro sinal de vida inteligente venha de uma sociedade que só mexa com rádio há, digamos, cinquenta anos, seriam incrivelmente altas. Pense no que seria necessário para que isso ocorra: em nosso planeta, a tecnologia de rádio demora 13.999.999.880 anos para aparecer, enquanto em outro planeta habitável da galáxia o rádio leva 13.999.999.930 anos para ser inventado. Essa seria uma grande coincidência cósmica. Pode haver alguma progressão recorrente na forma como a inovação tecnológica se desenvolve, mas, mesmo que haja, ela não avança com esse nível de mecanicidade. Até mesmo um pequeno ajuste nesses números faz uma tremenda diferença em termos de sofisticação tecnológica. Imagine outro planeta que desvie de nosso cronograma em apenas um décimo de 1%. Se seus habitantes forem mais avançados do que nós, então estarão lidando com o rádio (e tecnologias sucessoras) há 14 milhões de anos. É claro, dependendo de onde vivam no universo, seus sinais de rádio podem demorar milhões de anos para chegar até nós. Mas, mesmo se levarmos em conta esse atraso na transmissão, se recebermos um sinal de outra galáxia, quase certamente acabaremos conversando com uma civilização mais avançada.

VISIONÁRIOS

CAPÍTULO 5: A ESCOLHA PESSOAL

1. Eliot, loc. 583, Kindle.
2. Eliot, loc. 7.555, Kindle.
3. É verdade que Eliot não foi a única entre os romancistas vitorianos a construir formas imaginativas que abarcavam múltiplas escalas, desde o individual até os macromovimentos da história. Os grandes romances de Dickens dos anos 1850 e início dos anos 1860 — *A casa soturna, A pequena Dorrit,* e *O amigo comum* — foram capazes de construir uma vasta rede urbana que conectava as vidas de meninos de rua, magnatas industriais, velhos aristocratas, rentistas e comerciantes, burocratas, trabalhadores dedicados e um submundo do crime, todos eles moldados pelas novas forças históricas da industrialização, da burocracia crescente e da explosão populacional nas metrópoles. De certa perspectiva, a realização de Dickens (semelhante à de Balzac e à de Flaubert em *A educação sentimental*) é mais impressionante do que a de Eliot em *Middlemarch,* pois ele teve que construir uma narrativa que conectava as vidas de uma cidade de dois milhões de habitantes, bem diferente das pequenas cidades que definiam todos os romances de Eliot. Mas, no esforço para encontrar um formato que pudesse estabelecer vínculos de associação tão complicados assim, Dickens teve que sacrificar parte do realismo.

As reviravoltas na trama de Dickens quase nunca envolvem um personagem que enfrenta uma decisão complexa. A vida deles muda, à medida que a sorte aumenta ou diminui, refletindo as revelações de contos de fada de parentescos secretos e testamentos escondidos. Mas suas vidas quase nunca se transformam por conta de uma escolha individual. Quando os personagens devem escolher entre opções conflitantes, Dickens quase nunca faz uma pausa para analisar a "frustrante complexidade" da decisão, em parte porque as decisões já foram todas predeterminadas pelo tipo fixo de seus personagens: os santos seguem o caminho da santidade; os lutadores seguem o caminho da luta; os vilões seguem o caminho da maldade. Mesmo quando têm que fazer uma escolha, não há nada a decidir. Compare isso ao voto de Lydgate para o pastor da cidadezinha: a escolha é

NOTAS

difícil precisamente porque toda a personalidade de Lydgate está passando por uma lenta, mas perceptível transformação de idealista ardente ao que hoje poderíamos chamar de "vendido", comprometido pelas "pressões singelas" de uma centena de pequenos lapsos morais. O drama da cena, apesar das cinco páginas de monólogo interior, ganha fôlego pelo fato de não termos ideia do que Lydgate vai escolher no fim das contas, em parte porque se trata de um personagem em processo de metamorfose, mas também porque a decisão é verdadeiramente difícil.

4. Kathryn Hughes, *George Eliot: The Last Victorian* (Nova York: Harper-Collins, 2012), loc. 3.386-3.393, Kindle.

5. *Apud* Hughes, loc. 134, Kindle.

6. *Apud* Hughes, loc. 143, Kindle.

7. *Apud* Rebecca Mead, *My Life in Middlemarch* (Nova York: Crown/Archetype, 2014), loc. 77, Kindle.

8. *Apud* Mead, loc. 80-81, Kindle.

9. John Tooby e Leda Cosmides, "Does Beauty Build Adapted Minds? Toward an Evolutionary Theory of Aesthetics, Fiction and the Arts", *SubStance*, v. 30 (1-2), n. 94-95, p. 6-27, 2001.

10. Mead, loc. 223, Kindle.

11. Eliot, loc. 207, Kindle.

Este livro foi composto na tipografia ITC
Galliard Pro, em corpo 12/16,5, e impresso em
papel off-white no Sistema Cameron da
Divisão Gráfica da Distribuidora Record.